KB261451

리셋

리셋

나에게 찾아온 변화의 순간

찰스 데커 지음 | 지소철 옮김

북하우스

리셋을 위한 충전

인간의 삶엔 언제나 이야기가 있다? 그래서일까요? 사람들은 이야기라면 귀를 쫑긋 세웁니다. 재미가 있든 없든 이야기라면 일단 듣고 보자는 식의 호기심이 발동하죠. 성경만 하더라도 그 안에는 각양각색의 이야기들이 가득합니다. 어려운 교리를 쉬운 우화를 통해 들려주고 있기 때문입니다.

우화 형식을 빌려 비즈니스 원칙을 풀어내는 책들이 유행하기 시작한 것은 최근의 일입니다. 저는 물론이고 많은 동료가 이와 같은 방법을 종종 사용하곤 합니다. 정보나 가르침을 전하는 데 이보다 더 효과적인 방법이 있을까요? 하지만 하루가 다르게 변화하는 비즈니스 환경과 현실을 우화 속에 제대로 반영하는 건 쉬운 일이 아닙니다.

적어도 이 책은 그런 문제에서 자유롭습니다. 『잭 아저씨네 작은 커피집*Beans*』의 공동 저자이기도 한 찰스 데커Charles Decker는 간결하고 위트 있는 문체, 현실에 바탕을 둔 배경 설정, 입체적이고 현실적인 인물을 창조함으로써 등장인물들이 처한 상황과 문제점들을 깊이 공감하고 우리의 현실로 받아들일 수 있게 만듭니다. 물론 재미도 놓치지 않습니다. 등장인물들의 약점을 간파하곤 때로는 고개를 끄덕이며 공감하기도 하며, 고개를 절레절레 흔들며 실망하기도 하는가 하면 슬며시 미소를 짓게도 됩니다.

저자가 등장인물들의 한 면만을 부각시키지 않고 전체적으로 그렸다는 점도 만족스럽습니다. 예를 들어 주인공 데이너 카스웰은, 오늘날 안팎으로 많은 역경을 겪고 있는 여성들의 전형입니다. 주인공처럼 직장과 가정 사이에서 줄다리기를 하고 있는 여성들의 어깨는 점점 더 무거워져만 가지요.

마지막으로, 상황에 대한 다양한 생각거리를 독자에게 제시함으로써 능동적인 메시지를 이끌어내는 것이 돋보입니다. 이 책은 변화의 산고를 겪고 있는 한 기업의 모습을 시간의 흐름에 따라 그리고 있을 뿐만 아니라, 등장인물의 상황을 이해하고 독자 자신에게 접목시킬 수 있는 질문들을 담고 있기 때문이죠.

제 고객들은 매일 저에게, 변화에 대처하는 지혜를 담은 책을 추천해달라고 합니다. 자기 회사 직원들에게 자신 있게 권할 수 있도록, 지루한 글이어서는 안 된다고 요구하면서요. 저는 주저 없이 이 책을 권합니다.

본문을 통해 데이너와 니키, 잔과 토드 등 한 기업을 구성하고 있는 사람들의 다양한 면을 엿보고, 부록의 자가진단을 통해 각 상황을 자신의 삶과 대입시켜 볼 수 있는 기회를 가져보십시오.

이 책을 통해 새로운 삶으로 '리셋' 할 수 있다는 열린 마음을 갖길 바랍니다. 이 책에는 그런 힘이 있습니다. 여러분의 일, 여러분의 미래, 여러분의 상관, 여러분의 가족, 여러분의 인생 자체에 대한 생각을 변화시킬 수 있는 힘이 있습니다.

제 말이 사실인지 아닌지 이제 책장을 펼치면서 확인하시기 바랍니다.

비버리 케이Beverly Kaye
커리어시스템스 인터내셔널Career Systems International, Inc.의 창립자이자 CEO,
「Love it, Don't leave it」의 공동 저자.

월요일에 불어오는
변화의 바람

데이너, 변화의 일격을 맞다!

SCENE 1

월요일 아침, 데이너 카스웰이 자동차의 시동을 거는 순간, 흘러간 팝송이 귀청을 찢을 듯 터져 나왔다. 어젯밤, 요즘 그녀와 한참 마찰을 겪고 있는 아들 크리스가 밴드 연습을 마치고 친구들을 집에 태워다 주면서 볼륨을 끝까지 올린 채로 이 방송을 들은 것이 분명했다.

'나도 이런 노래들이 좋은데…… 왜 그렇게 크리스와 난 자주 부딪치는 걸까? 어쩌면 우리에게 공통점이 많아서인지도 몰라.'

데이너는 오늘도 지각하게 될 거란 예감이 들었다. 하지만 어쩌랴. 걱정은 제쳐두고 적어도 운전하는 출근길의 이 30분만큼은 온전히 자신만의 시간으로 즐길 수밖에. 자식에게서 해방되고 직장에서도 벗어난 완벽한 자유의 시간! 젊었을 때 즐겨 들었던 히트곡을 들으니 복잡했던 마음이 차분히 가라앉는 것 같았다.

"칼리코 코너스 사에서 일하시는 멜리사 터너 님께서 직장 동료 분들에게 들려주고 싶다며 신청하신 곡입니다."

라디오 진행자의 멘트가 나오자 데이너는 황급히 라디오 볼륨을 조절하였다.

"'노병은 죽지 않는다, 단지 사라질 뿐'이라 했던가요? 마마스

앤 파파스입니다. 〈먼데이, 먼데이〉!"

월요일, 월요일
내겐 너무 좋은 날,
월요일 아침, 내가 바라는 모든 것이
이루어지네.
…………

'노래 같기만 하다면야, 오늘도 다른 월요일처럼 끔찍할 텐데
뭐.'
데이너는 생각에 잠겼다.
'우리 팀원들이 날 위해 노래를 신청한다면 과연 어떤 노래를
고를까? 아마도 케니 로저스의 노래? 언제까지 카드놀이를 계속
하고 언제쯤 카드를 접어야 하는지에 관한 그 노래를 신청할까?
내가 그동안 얼마나 많이 접고 싶었는지 짐작도 못 하겠지.'

데이너 카스웰이 '비내추럴Bee Natural'에서 일한 지도 벌써 20년
이 넘었다. 그녀가 창업 때부터 몸담아온 이 유수의 양초 제조업
체는 지난 3년 동안 험난한 길을 헤쳐왔다. 요즘과 같은 불경기

에도 지난해 매출 신장을 일으켜 업계를 놀라게도 하였으나, 사실 순이익은 오히려 감소했다. 결국 비내추럴은 얼마 전, 더 큰 소비재 제조 회사에 인수 합병되었고 '잔 라스무센'이라는 여성이 CEO 자리에 올랐다.

정식으로 CEO로 임명되기 전, 잔 라스무센이 인수합병 준비 단계에서 인수팀을 이끌고 비내추럴에 들어왔을 때, 데이너는 그녀가 상당히 급진적인 변화들을 요구할 거라 예상했었다. 그럼에도 잔이 시행하는 조치들에 대해 솔직히 데이너는 전혀 준비되어 있지 않은 상태였다. 지난 금요일, 사장은 데이너에게 겨우 열흘밖에 남지 않은 이사회 회의에서 파워포인트 프레젠테이션을 준비 발표할 것을 요구하였다. 합병 후 새로 결성된 이사회에 한 번도 참석해보지 않은 데이너로서는 갑작스럽다 할 만한 통보였다. 잔은 데이너가 그 회의에 참석해야만 하는 이유에 대해 신중하게 설명했다. 회사의 모든 것을 알고 있는 데이너의 '기록 보관소와 같은 지식'이 있어야만 비내추럴이 어떤 위치에 있었는지, 어떤 곳을 향하고 있었는지 이사회가 더 잘 이해할 수 있을 거라고 말했다.

'기록 보관소라니, 내가 회사 노땅이라는 걸 그럴싸하게 돌려 말한 거겠지?'

데이너는 쓴웃음을 지었다.

'프레젠테이션? 좋아, 까짓것 하면 되지 뭐. 이 회사에서 진실을 말할 사람은 나밖에 없다는 사실을 모르는 모양인데, 이번에 내가 산더미처럼 쌓인 회사의 비리를 그들 발치에 몽땅 쏟아 부어주겠어! 아마 눈앞이 노래질걸, 잔! 그제야 날 이번 회의에 끌어들인 걸 가슴 깊이 후회하게 되겠지.'

데이너가 이런 생각에 빠져 있는데, 갑자기 휴대전화의 벨이 울렸다.

'운전할 때 다른 일 하는 거 정말 질색인데. 이렇게 아침 일찍 도대체 누구람? 여자들이 아침마다 남편과 자식들의 하루를 챙겨주기 위해 눈코 뜰 새 없이 바쁘다는 걸 사람들은 왜 모르는 걸까?'

발신자 확인에 뜬 이름은 매트 파커. 비내추럴의 판매 책임자이자, 항상 어떤 식으로든 그녀의 성질을 긁어대는 한마디로 짜증나는 인물이었다. 그녀는 '그냥 전화를 받지 말까' 하다가 매트가 뭔가 사무실의 '비밀'을 알려줄지도 모른다는 생각이 스쳤다. 매트는 언제나 직원 중 가장 빠른 출근 기록을 자랑했다. 실상은 징징거리며 떼를 쓰는 어린 자식들에게서 조금이라도 일찍 벗어나기 위해서지만, 대외적 멘트로는 '하루를 일찍 시작하기 위해서' 일찍 나오는 거라고 했다. 어쨌든 매트의 이른 출근이 얻는 이익은, 항상 그날 사무실에서 일어날 일의 예고편을 미리 볼 수 있다는 것이었다.

"뭐예요? 매트! 또 나보다 먼저 출근한 거예요? 한 번이라도 내가 이겨볼 수가 있어야지! 이젠 내가 시합을 포기해야겠네요."

데이너는 짐짓 쾌활한 목소리로 싫은 내색을 애써 감추며 전화를 받았다.

"시합은 무슨…… 나는 그저 따끈한 정보가 필요한 사람들에게 도움이 되려고 일찍 오는 것뿐이라고. 데이너가 사무실에 와서 이메일을 열어보고 기분을 잡치지나 않을까 해서 말이야."

"자상도 하셔라. 그런 분이 이른 아침에 전화를 해서 내 즐거운 드라이빙을 망쳐놓나요? 아주 고맙네요. 그럼 말해보시죠! 오늘 내 메일함에 숨어 있는 마귀가 대체 뭐죠?"

"왜 그래? 난 그저 데이너를 생각해서 이러는 건데. 가뜩이나 집안일 때문에 심난할 텐데 회사에서까지 놀랄 일을 겪을 필요는 없잖아. 특히 나쁜 소식으로 말이지. 그럴 경우에는 대처할 시간이 조금이라도 더 있는 게 낫지 않겠어?"

"매트, 요점만 빨리 말해요. 도대체 무슨 소식인데 그래요?"

"사장이 사내 인트라넷에 이사회 회의 일정표를 공지했는데,

데이너의 이름이 맨 앞에 있어. 그리고 오늘 우리 모두와 사전 미팅을 갖고 싶다고 했고. 당신과 토드가 '교황님'을 알현할 기회를 갖게 된다는군. 참 좋겠어!"

"그게 다예요? 고작 그 얘기 하려고 아침부터 전화를 한 거예요? 토드하고 내가 회사의 새로운 방향에 대해 불안해하니까, 우리를 부른 거겠죠. 뭐 대수로운 일도 아니잖아요? 사실 내 목덜미에다 대고 잔이 약간의 힘을 불어넣어준다면 나쁠 것도 없고. 고작 그 정도의 뉴스였어요?"

"아! 진짜 알짜배기를 말해주는 걸 깜빡했군. 잔이 경제지 기자 한 명을 회사에 불러들였는데, 이번 주 내내 우리와 함께 있으면서 인터뷰도 하고 취재도 한대. 회사가 합병에 얼마나 잘 적응하고 있는지, 뭐 그런 기사를 쓴다는데, 신제품 라인부터 시작해서 뭐 그저 그런 시시콜콜한 것까지 알아본다나 봐. 아마 이사회회의 준비를 하면서도, 시간을 내서 방긋 웃는 얼굴로 그 기자와 만사 오케이 인 척하는 얘길 나눠야 하지 않을까 싶네."

'엎친 데 덮친 격이로군. 이사회에 잘 보일 요량으로 잔이 회사 PR을 위해 준비했나 본데……'

데이너는 '아차' 싶어서 매트에게 말했다.

"그런데 난 이번 주엔 두 번이나 오후에 조퇴를 해야 돼요. 가족 상담이 예약되어 있거든요. 타이밍 참 절묘하네."

"전에 나도 그 얘긴 들었지. 그래도 우리 신입사원 교육시키는데 지장이 있으면 안 돼. 알지?"

순간 데이너는 몸을 움찔했다.

'맙소사. 신입사원 일을 까맣게 잊고 있었잖아. 오늘 월요일부터 출근한다고 했는데, 나는 또 지각이라니……'

데이너는 아무렇지 않은 듯 재빨리 대답했다.

"걱정 붙들어 매라고요. 그나저나 아직 안 왔죠? 그 신입사원?"

"아직은. 그런데 혹시 그 신입사원이 당신보다 일찍 출근하면 내가 먼저 그녀를 데리고서 입사 절차를 밟고 있을게. 회사 구경도 좀 시켜주고, 뭐 그런 거."

"매트, 괜찮다면, 그냥 먼저 인사과 일부터 처리하면서 시간 좀 끌어줄 수 없겠어요? 우리 둘하고 함께 일할 직원인데, 똑같은 출발선에서 경주를 시작해야 공평하잖아요?"

"글쎄, 당신이 늦게 온다고 해서 그녀를 마냥 기다리게 할 수는 없잖아. 몇 분 정도 시간을 끌어볼 수는 있겠지만, 그녀를 계속 빈둥거리게 만들면 아마 우리 둘이 함께 직무유기를 한다고 생각할지도 몰라."

'아무튼 이 남자, 나 열 받게 하는 데는 도사라니까.'

"매트, 내가 아홉시 삼십분까지는 도착할 거예요. 신입사원이 우릴 위해 몇 분 기다린다고 해서 하늘이 무너지는 것도 아니잖아요."

"알았어, 알았어. 그럼 연례 보고서 같은 거나 읽고 있으라고 던져줄게. 빨리 오기나 해. 적어도 내가 오늘의 나쁜 뉴스는 이미 다 말해준 거야. 그렇지?"

'아무렴, 그렇죠. 그보다 더 나쁜 소식이 있다면 내가 당신이랑 함께, 물론 그 신입사원하고 같이, 점심을 먹어야 한다는 사실이지요.'

데이너가 전화를 끊었다. 라디오에서는 노래가 계속 흘러나오고 있었다.

월요일, 월요일
그날은 믿을 수가 없지.

SCENE 2

주차장을 세 바퀴나 돌았지만 빈자리를 찾지 못하자 데이너는 그냥 고객 전용 주차장에 차를 대기로 마음먹었다.

'필요도 없는데 왜 여긴 이렇게 주차공간이 넓은 걸까? 장애인 주차공간은 또 어떻고! 누가 알아준다고.'

데이너가 안전벨트를 풀고서 백미러로 립스틱 상태를 확인하려는데, 신제품 개발을 맡고 있는 토드 라모스가 나타나 운전석 창문을 두드렸다.

"데이너! 사무실 창문으로 보니까 주차장을 계속 돌고 계시기에 나와 봤습니다. 이제 삼십 분만 있으면 우리가 잔과 미팅을 해야 하는데, 그 전에 우선 우리끼리 준비를 좀 할 게 있습니다."

"토드, 미안해요. 제가 좀 늦었지요? 잔과 회의가 있다는 건 조금 전에 들었는데요, 제가 지금 오늘 입사한 새 직원을 만나야 해서요. 몇 분 걸릴 거예요. 아마 매트가 벌써 그 신입사원을 꿰차고 있을지도 몰라요."

"맞습니다. 매트가 그녀를 데리고 복도를 돌아다니고 있더군요. 알람시계를 더 이른 시간에 맞춰 두셨어야죠. 아니면 주말에 이메일을 확인하셨던지."

"버스 지나간 뒤에 손 흔들어봤자 뭐 하겠어요. 십오 분 안에 제가 사무실로 찾아갈게요."

데이너는 이렇게 대답했지만 속으로는 다른 생각을 했다.

'주제넘게 누굴 훈계하려 드는 거야? 아침마다 가족을 챙겨서 내보내는 일이 얼마나 힘든지 알기나 하나?'

데이너가 안내 데스크를 지나려는데 귀에 익은 목소리가 들려왔다. 매트가 복도에서 경비 책임자에게 신입사원인 니키를 소개시켜주고 있었다.

"니키한테 회사 배지를 주시고, 주차 패스도 주세요. 열한시쯤에 다시 보낼 테니까 사진도 찍어주시고. 우선 부서마다 다니면서 소개를 시켜야겠어요."

"아, 나도 니키와 시간을 좀 보냈으면 하는데요."

매트의 말이 끝나기가 무섭게 데이너가 불쑥 끼어들었다. 데이너는 둘 모두의 몫에서 월급을 내주어야 하는 신입사원을 놓고 이번에도 또 매트가 선수를 쳤다는 생각에 기분이 상했다.

"좀더 일찍 올 수 있었는데, 교통이 너무 안 좋아서. 니키, 다시 만나서 기뻐요."

그러자 니키가 대답했다.

"고맙습니다. 길이 많이 막혀서 고생하셨겠네요. 전 참 운이 좋은 것 같아요. 집이 가까워서 자전거를 타고 올 수 있었거든요. 주차 패스는 필요 없겠지만, 조금 있다가 다시 와서 입사 기념으로, 근사한 사무실 사진을 한 장 찍고 싶어요. 커피 드실래요? 제가 한 잔 타 드릴게요."

"아니, 됐어요. 고마워요. 십오 분 있으면 사장님과 회의를 해야 하는데, 커피를 마셔서 지금보다 더 흥분된 상태가 될 필요는 없을 것 같네요. 그 전에 신제품 개발 책임자와 만나서 회의 준비를 좀 해야 하고…… 아, 나랑 같이 가지 않을래요? 당연히 신고식은 화끈하게 해야겠지?"

데이너가 제안하자 매트가 잽싸게 끼어들었다.

"데이너, 그건 별로 좋은 생각이 아닌 것 같군. 신입사원이라 밟아야 할 절차가 한두 가지가 아니잖아. 데이너는 혼자 미팅에 가고, 난 니키하고 인사과에 가서 서류 작성을 하고 오는 게 좋을 것 같아."

"전 아무래도 좋아요. 어느 쪽에서 저를 더 원하시는지 말씀만 하세요."

니키는 두 사람 사이에 오가는 냉랭한 시선을 의식하고는 이렇게 말했다.

"좋아요, 매트. 생각해보니 그게 좋을 것 같네요. 이따가 우리

셋이 함께 모여서 점심을 먹는 것도 괜찮겠어요. 점심은 제가 살게요."

"아, 난 안 돼. 이번 달 말에 포커스 그룹 모임이 예정되어 있어서 점심 때 토드하고 함께 그 얘길 하기로 했거든. 두 분이서 오붓하게 '여자들만의 수다'를 할 수 있도록 전 빠지겠습니다."

매트가 사양했다.

"그 포커스 그룹 회의는 나도 관련된 일이잖아요. 둘이서 이메일 주고받을 때 나한테도 꼭 좀 보내줘요. 알았죠?"

데이너가 약간 날 선 말투로 말했다.

"그런 것쯤이야 일도 아니지. 그럴게. 우리야 시간은 많지? 난 오후에 아까 말한 그 기자하고 시간을 좀 보내야 하니까, 아무 걱정 말고 여유롭게 두 분이 점심을 즐기시도록."

"니키, 그럼 이따가 열두시에 봐요. 궁금한 게 있으면 매트가 답을 해줄 거예요. 회사 인트라넷에 들어가서 신입사원을 위한 오리엔테이션 내용을 좀 훑어봐도 좋고요. 도움이 많이 될 거예요."

데이너는 말을 하면서 생각했다.

'아, 아직 내 사무실에 들어가지도 못했는데 벌써 오늘 하루가 얼마나 끔찍할지 훤히 보이는구나. 아무래도 점심시간에 니키에게 말해줘야겠어. 뭐든지 자기에게 유리하게 만드는 매트의 전술

에 대해서 말이야. 아무것도 모르는 니키가 매트의 추잡한 술수에 휘말리게 내버려둘 수는 없지.'

토드가 구내식당에서 돌아오는 길에 데이너를 보자 그녀의 팔을 잡으면서 말했다.

"데이너, 전 준비 다 됐습니다. 잔을 만나기 전에 빨리 서둘러야 할 것 같습니다. 여기서 빈둥거릴 시간이 없어요."

'빈둥거린다고? 그래, 맞아. 진짜 단 일 분이라도 짬이 나서 화장실에 갔다올 수 있다면 좋겠는데…… 이젠 그것도 틀렸네.'

데이너는 토드의 사무실에 들어가 앉아 토드의 책상에서 A4지와 볼펜을 집어 들었고, 토드는 잠시 서류를 뒤적거리더니 새로운 제품의 포장 디자인 시안을 꺼내 놓았다. 데이너가 먼저 입을 열었다.

"음, 우리는 너무 급하게 일을 처리하고 있는 것 같아요. 물론 그게 다 다음 주에 있을 이사회 총회 때문이겠지만. 그건 그렇고, 잔과 회의를 하기 전에 우리끼리 따로 얘기해야 할 게 뭔가요?"

"데이너, 저는 이번 일에 저를 지지해줄 협력자가 필요합니다. 전 이 회사가 꼭 성공하길 바랍니다. 당신은 오랫동안 이곳에 계셨고, 그래서 그 누구보다도 당신이 이 일에서 목소리를 높일 권리가 있다고 생각합니다. 매트는 이 새로운 제안을 지지하지 않을 거예요. 하지만 전 이 새로운 제안이야말로 우리가 살아남기 위한 유일한 희망이라고 생각합니다. 그래서 새로운 방향으로 나아가는 것이 우리가 침몰하지 않을 수 있는 유일한 길임을 당신이 잔에게 말해주었으면 합니다."

"조금 과장하시는 거 아니에요? 성장해야만 한다는 건 누구나 공감하고 있어요. 하지만 우리의 사업은 양초예요. 우리가 만드는 건 양초고, 우리가 파는 것도 양초예요. 대체 '새로운 방향'이라는 게 어떤 방향을 말씀하시는 거죠?"

"자세한 것은 잔과 회의를 하면서 말씀드리겠지만, 미리 알려드리자면, 저는 생소한 분야이긴 하지만 새로운 제품 라인에 대해 제안을 하고자 합니다. 전 당신의 지지가 필요합니다."

"토드, 전 당신이 지혜롭고 유능하다고 생각해요. 또 당신이 미용업계에서 보냈던 지난 시절을 그리워한다는 것도 알고 있고요. 하지만 핵심 사업을 소홀히 하고서 다른 곳에 한눈을 파는 기업은 대부분 실패하게 된다고 생각해요."

데이너는 갑자기 자리에서 일어서며 말을 이었다.

"제가 이곳에서 일한 지 오래되었다는 사실이, 성공 가능성이 거의 없는 위험한 모험에 회사가 뛰어드는 걸 지지할 이유가 되나요?"

"제 말을 잘 들어보세요. 그리고 지금 당장은 생각이 다르더라도 제발 너무 심하게 반대하지는 말아주셨으면 합니다. 잔한테는, 이곳에서 일어나는 변화에 대해 기존 경영진이 지지해줄 거라고 여기는 신뢰의 분위기가 중요합니다."

"토드, 지금도 엄청난 변화를 겪고 있어요. 앞으로 있을 이 이상의 변화를 감당할 준비가 저 자신이 되어 있는지조차 모르겠어요. 당신의 제안은 귀담아 듣겠어요. 하지만 당신의 생각에 동의하지도 않으면서 당신이 치켜든 깃발을 함께 흔들 거라 기대하지는 마세요."

"물론 그래야죠. 매트는 자기 일정에 너무 매달려 있기 때문에 별 도움이 되지 않습니다. 정년퇴임을 앞두고 몸을 사리는 것 같습니다. 무슨 말인지 아시겠지요? 제가 의지할 사람은 데이너 당신밖에 없습니다. 그래서 제가 잔에게, 우리 둘하고 잔 이렇게 셋만 만나자고 요청한 겁니다."

"다음번엔 좀더 일찍 회의 일정을 알려달라고 잔에게 말씀드려주세요."

잔 라스무센과의 회의는 항상 교황을 알현하는 느낌을 갖게 했다. 적어도 데이너의 생각엔 그랬다. 하지만 모든 면을 고려한다면, 잔은 충분히 호감을 살 만했다. 그녀는 자신이 결론을 짓기 전에 다른 사람들에게 발언할 수 있는 기회를 주는 편이었다. 그런 현실적인 접근법은 데이너의 성향과 잘 맞았고, 더군다나 잔과의 회의가 아무리 길어도 한 시간 이내에 끝난다는 사실이 데이너에게는 아주 마음에 들었다. 그런데 이번 월요일 아침 회의에서 보여준 잔의 태도는 전혀 뜻밖이었다.

"자, 여러분, 오늘은 내 스케줄이 아주 빡빡합니다. 토드가 이 회의를 요청했으니까, 이미 데이너에게 하고 싶은 말을 간략하게나마 전달했을 거예요. 십오 분 정도밖에 시간을 못 드리겠네요. 월요일이라 기분이 좀 처져 있긴 하겠지만 조금 서둘러서 회의를 진행했으면 좋겠습니다."

잔의 말을 듣고 데이너가 생각했다.

'아이고, 꼭 백 미터 달리기 시합을 하는 사람 같네. 혹시 이 회의를 위해 스톱워치도 준비해 왔나?'

"잔, 사실 데이너는 제가 왜 이 회의를 요청했는지 이유를 정확히 모르고 있습니다. 그동안 제가 꼭 데이너에게 사기를 치고 있는 기분이 들었습니다. 데이너는 당신과 제가 지난 몇 주 동안 무슨 얘기를 나눴는지도 모릅니다. 하지만 전 꼭 데이너를 이 회의에 참석시키고 싶었습니다. 솔직히 말씀드리면, 데이너 당신의 도움이 필요합니다."

토드가 데이너를 쳐다보자 데이너는 약간 당황하면서 대답했다.

"이제야 감이 잡히네요. 이 회의가 회사의 운명을 결정하는 중요한 전략에 관한 것이라면, 제 생각엔 경영진 전체가 이 회의에 참석해야 할 것 같은데요."

그러자 잔이 말했다.

"아니, 아직 그럴 단계는 아니에요. 나는 본사로부터 완전히 새로운 시대를 맞이하라는 압력을 받고 있어요. 그러기 위해서는 새로운 제품 라인을 갖추는 것이 최선이라 나는 생각했고, 그래서 기본적인 준비를 할 수 있도록 따로 토드와 만났던 거예요. 우리 두 사람은 화장품 사업에 진출하는 것에 대해 논의를 해왔어요."

데이너가 믿을 수 없다는 표정을 지으며 말했다.

"밀랍으로요? 우린 양초를 만들어요. 사람들은 모두 우리를 천연 재료로 질 좋고 오래 타는 양초를 만드는 회사로 알고 있어요.

그게 바로 우리가 하는 일이니까요. 우리 제품들은 벌집에서 나옵니다. 그런 우리가 대체 화장품에 대해 뭘 안다는 거죠?"

"토드가 그쪽 사업에 대해서는 정보가 밝아요. 그리고 이미 밀랍을 주성분으로 한 입술용 크림, 보습 크림 등 많은 제품들을 만드는 흥미로운 아이디어를 내놓았고요. 우린 사업을 확장해야만 해요. 화장품 쪽은 거대한 시장일 뿐만 아니라 계속 상승세라서 전망이 아주 밝아요."

"하지만 피부에 바르는 제품은 까다로운 각종 규제와 규정들을 충족시켜야 하잖아요. 저 역시 우리 회사가 변화를 모색하고 영역을 확장해야 한다는 점엔 동의하지만, 이건 너무 극단적인 방향이 아닌가요?"

데이너의 질문에 잔이 대답했다.

"토드는 화학을 전공했어요. 화합물에 대해서도 알고, 천연 원료로 친환경 제품을 만드는 법도 잘 알고 있어요. 그런 제품은 값이 조금 더 비싸더라도 사람들은 자연 보호에 한몫을 한다는 생각으로 기꺼이 돈을 쓰지요. 네, 맞아요. 식품의약국도 상대해야겠지요. 네, 우리가 경쟁하기 버거운 분야가 있는 것도 사실이에요. 하지만 새로운 오너들은 우리가 이런 방향으로 나가는 걸 허락했어요. 그들은 소비자의 행동을 잘 알고 있어요. 단기적으로는 고통스러울 수도 있겠지요. 어쩌면 회사의 이름을 바꿔야 할지도 모르고, 심지어 보다 노동친화적인 곳을 찾아 회사를 옮겨야 할지도 모르죠. 토드와 나는 데이너 당신의 지지가 꼭 필요하다고 생각했어요. 이곳에 오래 있었고, 많은 사람들과 오랜 세월 좋은 관계를 맺어왔죠. 또 고객 기반도 훤히 꿰고 있고요. 그 고객의 대부분은 화장품을 포함한 다양한 제품들을 파는 선물 상점과 전문 용품점들이잖아요. 큰 변화가 있겠지만, 어쨌든 우린 그런 훌륭한 자산을 갖고 있는 당신이 함께 갈 수 있었으면 좋겠어요. 이 문제는 다음 주에 있을 이사회 총회의 주요 의제가 될 거예요. 그래서 우린 당신이 이사회 총회에서 무방비로 당하지 않길 바랐던 겁니다.”

잔의 이야기를 듣고 데이너가 말했다.

“잔, 이건 회사의 전략과 관계된 문제예요. 경영진 전체, 특히 매트와는 의논해야 할 사안이라고요.”

그러자 잔이 근심어린 표정을 지으며 말했다.

“변화를 받아들일 수 없는 사람들도 있을 거예요. 당신이 나서서 그런 사람들을 설득하면 그들이 생각을 바꿀 수도 있다고 믿습니다. 데이너, 우린 당신이 꼭 필요해요. 함께 가길 원해요.”

데이너는 한 팀이 될 필요가 있다는 생각이 들긴 했지만, 방금 잔에게서 들은 말이 부담스럽기도 했다.

"물론 함께 가지요. 전 다만 이 정보를 다른 사람들에게 전달하는 방식에 있어서 신중해야 한다고 생각하는 것뿐입니다. 이런 갑작스러운 모든 변화들에 대해 불안해하는 사람들도 있을 테니까요."

토드가 데이너의 눈을 똑바로 쳐다보며 말했다.

"바로 그겁니다. 데이너 당신도 그런 사람들 중 하나죠. 그래서 당신이 변화를 받아들이는 모습을 다른 사람들이 보면 똑같이 한 배에 탈 수 있는 가능성이 커지는 것입니다."

"와! 그 얘길 들으니 마음이 확 쏠리는데요!"

데이너는 자리를 털고 일어나면서 말을 이었다.

"할 얘기가 참 많을 것 같네요. 토드와 제가 따로 만나서 이 문제를 상의해야겠어요. 물어볼 것도 많고 염려되는 점들도 많으니까요. 그리고 매트의 기분도 좀 신경 써야 할 것 같아요. 그런 생각은 해보셨나요? 아시다시피 매트와 제가 함께 관리하는 신입 사원도 있어요."

"매트 문제는 내게 맡겨요. 그리고 당분간 이 문제는 우리만 아는 것으로 해야 해요. 우리 회사를 취재하고 있는 피터 에이브럼스 기자도 이 건에 대해 조금은 알고 있는데, 회사 전체에 공식적으로 발표하기 전까지는 비밀을 지켜달라고 당부해 놓았어요.
매트 문제가 가장 마음에 걸리긴 하지만, 또 모르지요. 어쩌면 이
변화의 열렬한 지지자가 되어 우리를 놀라게 할지도. 좀 기다리
면서 지켜보도록 하지요."

말을 마친 잔은 할 말이 끝났다는 의미로 손을 한번 올렸다가
내렸고, 그것으로 교황과의 '알현'은 끝이 났다.

잔의 사무실에서 나온 토드가 조심스럽게 데이너에게 말을 걸
었다.

"데이너, 정말 당신이 우리와 합류했으면 좋겠습니다. 이 계획
은 잔 개인적으로도 엄청난 모험이에요. 생각을 한번 해보시고,
이따가 오후에 다시 만나서 좀더 구체적인 사안들에 대해 얘길
나눴으면 합니다. 저에겐 협력자가 필요합니다. 잔에겐 승리가
필요하고, 회사 역시 승리가 필요합니다."

"토드, 생각할 시간이 좀 필요할 것 같아요. 너무 갑작스럽기도
하고요. 원칙적인 면에서는 저도 당신의 생각에 동의해요. 하지만
경기하는 방식이 별로 마음에 들지 않네요. 제가 점심 때 새로 들
어온 사원과 식사를 하기로 되어 있거든요. 내일 오후에 만나는
걸로 하죠. 전체적으로 생각을 좀 하고 입장을 정리할게요."

데이너는 자신의 사무실로 걸어가며 화를 삭였다.

'무방비로 당한다고? 날 뭘로 보는 거야? 그리고 내가 변화에 저항한다고? 건방지게 누구한테 그런 말을 해! 나만큼 변화에 잘 적응하는 사람이 또 어디 있다고. 다만 변화를 위한 변화를 거부하는 것뿐이지. 화학박사 양반! 진짜 제대로 된 제품을 준비하고 있다는 걸 보여줘야 할 거야. 안 그러면 내가 당신 얼굴에 뜨거운 촛농을 부어버릴 테니까.'

꺼져들어가는 양초의
심지 살리기

좌절에 빠진 데이너를 구하라!

SCENE 4

데이너와 니키가 '불법 주차'되어 있는 데이너의 차를 타려고 현관을 나서는데, 안내 데스크의 여직원이 매트와 통화하는 소리가 들렸다. 경제 신문 기자 피터 에이브럼스의 도착을 알리는 전화였다.

"네. 지금 여기 와 계세요. 약속 시간보다 좀 일찍 오셨다고 하는데 지금 만날 수 있으면 좋겠다고 하시네요."

헤드세트를 끼고 매트와 통화하는 안내 데스크 직원의 목소리에는 초조한 기색이 묻어났고 피터는 그 옆에서 말없이 상황을 지켜보고 있었다.

이를 본 데이너는 좋은 사냥거리를 발견한 사람처럼 귓속말로 니키에게 속삭였다.

"잠깐만. 아주 재미있겠는데."

안내 데스크의 여직원이 매트에게 물었다.

"그렇게 말씀드리죠. 그런데 언제쯤 시간이 되세요?"

데이너가 니키를 보며 매트의 흉을 보듯이 비꼬는 투로 말했다.

"항상 이런 식이라니까. 저렇게 이중으로 약속을 해서 내가 대신 처리해준 게 아마 천 번도 넘을걸. 니키도 매트의 스케줄 관리를 해주려면 골치 꽤나 아플 거야."

통화를 마친 안내 데스크 직원이 기자에게 말했다.

"죄송합니다만, 매트 파커 씨는 저희 신제품 개발팀장과 점심 약속이 있다고 하시네요. 두시쯤은 돼야 만나실 수 있다고 하세요. 그때 다시 오셔야 할 것 같네요."

"그러겠습니다. 내일 여기 사장님을 만나 뵙기 전에 몇 가지 알아볼 게 있거든요. 사장님께서 언제든지 이곳 경영진들을 만나도 좋다고 말씀하셨습니다."

피터 기자가 이렇게 말하자 데이너가 다가가 손을 내밀며 인사를 청했다.

"전 데이너 카스웰이라고 해요. 제 동료의 일은 제가 대신 사과드릴게요. 이쪽은 절 돕고 있는 니키 카바나예요. 회사의 역사에 대해서는 제가 말씀드리게 될 거예요. 사람들 말을 빌리자면, 메이플라워 호가 아메리카에 상륙할 때부터 전 여기에 있었거든요."

"두 분을 만나 뵙게 되어 기쁩니다. 기사를 빨리 쓰고 싶다는 생각에 서두른 건데, 제가 너무 제 생각만 했던 것 같네요. 지난주에 매트가 언제든 들러도 좋다고 말했는데, 그냥 인사치레였나 봅니다."

"매트가 좀 그런 면이 있어요. 항상 맘 좋은 사람이란 얘길 듣고 싶어하지요. 그런 식으로 말을 흘리면 사람들이 정말 찾아올 수도 있다는 생각은 하지 못하는 것 같아요. 제가 얼마나 많이 그 사람 대신…… 아, 그만하죠. 무슨 나쁜 의도가 있어서 그런 건 아니니까. 빨리 '지하실 창고 문'을 열어드렸으면 좋겠네요. 수요일에 만나기로 한 거, 맞죠?"

"기억력이 참 좋으시군요. 맞습니다, 수요일. 당신이 이 회사의 걸어 다니는 '인간 스크랩북'이란 걸 저도 알고 있습니다."

피터의 말에 데이너가 기분이 상한 듯 냉소적으로 말했다.

"아, 사람들이 그렇게 부르기도 하더라고요. 그래도 가끔은, 살아 있는 화석보다는 회사의 미래에 대해서도 한두 가지쯤은 알고 있는 네비게이터 역할도 해요."

"제 말은……."

피터가 얼굴을 붉히며 말을 더듬자 데이너가 말했다.

"괜찮아요. 회사의 역사적 배경에 대해 말해줄 수 있어서 기뻐요. 전 이제껏 살았던 벌들이 어디를 떠돌다 죽어서 어떤 공동묘지에 묻혔는지도 알고 있답니다."

매트가 막 전화를 끊는 순간 토드가 매트의 사무실로 천천히 걸어 들어왔다.

"어이, 토드! 점심 같이 먹기로 한 약속, 아직 유효한 거지? 그 기자가 막무가내로 달려드는 걸 자네와 만나고 난 후 만나려고 어렵게 떨어냈지."

"당연히 유효하지요. 구내식당에 가서 먹을까요? 괜찮죠? 솔직히 지금 당장 제 편이 되어줄 사람이 필요합니다. 데이너가 방금 전에 잔에게 송곳니를 드러내 보였거든요. 데이너는 그 프로그램에 합류할 수 없을 겁니다."

"그밖에 뭐 다른 신선한 뉴스 없어? 데이너의 그런 태도를 잔이 그냥 가만히 두고 보지는 않을 텐데…… 이제는 데이너를 변호해주는 일도 지겨워. 알겠지만, 데이너와 난 서로 잘 안 맞아. 아마 지금쯤 신입사원을 데리고 내 흄을 실컷 보고 있을 거야."

SCENE 6

데이너는 조수석 문을 열고서 니키가 앉을 수 있도록, 지난 밤 아들이 밴드 연습을 마치고 어질러놓은 물건들을 뒷좌석에 던져놓기 시작했다. 그 모습을 보고 니키가 말했다.

"괜찮아요. 그냥 두세요. 룸메이트의 차를 자주 얻어 타는데, 언제나 이렇게 어질러져 있는걸요."

데이너가 빈 과자 봉지를 구기며 말했다.

"아들녀석에게 운전하도록 허락을 했더니, 글쎄 이렇게 험하게 쓰는 거야. 난 대접받을 팔자가 못 되나봐. 아까 그 기자가 나한테 하는 소리 들었지?"

"네. 하지만 나쁜 의도로 그렇게 말한 건 아닐 거예요. 그냥 자기 일을 잘하려고 하다 보니……."

"일? 글쎄, 그게 무슨 일일까? 산업 스파이 짓? 내가 장담하건대, 사람들은 저마다 꿍꿍이속이 있지. 뭐든 그들의 행동과 말을 있는 그대로 받아들여서는 안 돼."

데이너는 자동차 전용도로 쪽으로 차를 꺾었다.

"화가 많이 나셨나 봐요. 혹시 제가 알지 못하는 어떤 일이 벌어지고 있는 건가요?"

데이너는 문득 자기가 얘기하고 있는 상대가 신입사원임을 깨달았다.

"미안. 프로답지 못하게 내가 좀 흥분을 했네. 니키도 이곳에서 일어나는 일에 대해 스스로 판단할 줄 알아야 해. 여기도 다른 회사들과 마찬가지야. 예전에는 이렇지 않았어. 그때는 뭘 하든 똘똘 뭉치는 대가족과 같았는데 말이야."

"지금은 어떻다는 거지요? 몇 주 전 입사 면접 때 보니까 다들 열정이 대단하셨어요. 또 새로운 오너들과 더 좋은 방향으로 성장할 수 있는 분위기에 의지를 보이셨어요."

"그래, 말들은 그렇게 하지. 니키도 회사 생활을 좀더 해보면 알겠지만, 사람들이 하는 말과 하는 행동이 항상 일치하는 것은 아니야."

"겉 다르고 속 다르다는 말이죠? 저도 사람들이 말과 행동이 다르면 싫더라고요."

"그래, 그런 사람들 관계에 익숙해져야지. 대신 니키도 처음에는 모르겠지만 회사 생활 오래하다 보면 자기도 모르게 그렇게 될 수 있으니까 조심해야 될 거야. 멕시코 음식 어때? 다음 사거리로 나가면 마가리타 칵테일 정말 환상적으로 하는 데가 있는데, 괜찮겠지?"

토드와 매트는 둘 다 '오늘의 특별메뉴'인 옥수수 빵을 곁들인 소고기 스튜를 먹기로 하고서 창가의 구석진 자리에 앉았다. 가능한 다른 사람들의 시선을 피할 수 있게 멀찍이 떨어진 자리를 고른 것이다. 자리에 앉자마자 토드가 입을 열었다.

"제 생각에 데이너는 자폭自爆 모드로 돌입한 것 같습니다. 아침에 직접 잔과 제가 확인했죠. 분명 잔은 데이너의 그런 태도를 걱정하고 있을 테고요."

"그걸 어떻게 알지? 잔이 자네에게 무슨 말을 했나?"

매트는 뭔가 비밀스런 얘길 듣고 싶어 이렇게 물었다.

"네. 글쎄요, 그렇다고 할 수도 있고 아니라고 할 수도 있고……. 우린 비공식적으로 미용 제품 업계에 몸담았던 저의 경력에 대해 얘길 나눴는데, 회사가 그쪽으로 가길 잔도 원한다고 생각합니다. 그런데 문제는 잔이 가장 싫어하는 데이너의 근시안적 사고죠."

토드가 대답하자마자 매트가 맞장구를 쳤다.

"그럼 데이너는 한쪽으로 비켜 서 있는 편이 낫겠군. 자넬 영입했을 때부터 난 알았다네. 잔이 이 회사를 이끌고 가고자 하는 방향이 그쪽인 것을. 데이너가 기겁을 하는 것도 이해할 만해. 아는 거라곤 양초 사업뿐이니까."

"네, 아는 건 오로지 밀랍과 심지뿐이지요."

토드가 조롱하는 투로 대꾸하며 말을 이었다.

"양초 사업이 회사에 도움이 되었다는 것은 저도 인정합니다. 다만 양초 사업은 이제 성장 가능성이 별로 크지 않다는 것, 그게 문제죠. 데이너가 그 점을 보지 못한다는 게 안타까울 뿐입니다."

"원래 큰 그림을 그릴 수 있을 만한 여자가 아냐. 지금 일어나는 상황만 해도 충분히 부담스러울걸. 모르긴 해도 우리 두 사람 때문에 위기감을 느끼고 있을 거야. 이제 잔과 데이너가 정면충돌할 순서만 남은 거로군."

토드가 바삭한 옥수수 빵을 잘게 부수어 스튜에 넣으며 말했다.

"제가 오늘 아침에 받은 인상도 바로 그거였습니다. 사람들에게는 긍정적으로 변화할 만한 뭔가가 있기 마련인데, 나이든 그 숙녀분은 그럴 여지가 눈곱만큼이라도 남아 있는지 모르겠습니다."

"그나저나 새로 들어온 직원을 내가 교육시켜야 하는데, 그냥 놔둬도 혼자 잘할 수 있을 만한 인재를, 행여 데이너가 나서서 회사 전체와 나에 대해 나쁜 인상을 심어주지나 않을까 걱정되는군."

"음, 맛있어."

데이너는 마가리타 잔의 가장자리를 따라 묻어 있는 소금을 핥아먹으며 말했다.

"아무리 맛있어도 딱 한 잔만 마셔야지, 더 마시면 오늘 하루는 그냥 거기서 '땡'이야. 도로시 파커의 시구가 떠오르는군. '마티니라면 사족을 못 쓰지. 그래도 두 잔 이상은 안 돼. 세 잔을 마시면 식탁 밑으로 들어가고, 넉 잔이면 남자주인 밑에 깔린다네.'"

니키는 상관의 음담패설을 듣고도 태연한 표정으로 대꾸했다.

"전 술을 잘 못 해요. 커피도 잘 못 마시고요. 저한테는 그런 자극제가 별로 필요하지 않나 봐요."

"저런! 니키도 자식을 낳아봐야 해! 커피를 안 마시면 출근도 못 한다니까. 게다가 직장에서 뒤통수치는 족속들을 상대할 생각만 해도 몸서리쳐지지."

"회사 상황이 상당히 나쁘다는 식으로 계속 말씀하시는데, 제가 겪은 바로는 그렇지 않았어요. 적어도 아직까지는 그래요. 매트 씨가 오늘 아침에 많은 사람들을 소개해주셨는데, 모두들 정말 진심으로 반겨주시는 것 같았거든요."

니키의 말에 데이너가 대수롭지 않다는 듯 웃으며 대꾸했다.

"새 얼굴이니까 그렇지. 여러 가지 면에서."

마가리타가 효력을 발휘하고 있었다.

"어떻게 말씀드려야 할지 잘 모르겠지만, 회사가 변화하고 성장한다면 그건 좋은 일 아닌가요? 새로운 기회들이 회사에 활력소가 될 거고요."

"니키, 변화와 성장은 같은 게 아니야. 착각하면 안 돼. 물론 니키 같은 젊은 사람에게는 기회가 많겠지. 젊으니깐 에너지도 넘치고 변화도 빨리 받아들이지. 하지만 경영주들은 변화를 이용해 나이든 직원들을 쫓아내려고 할 때가 많아. 나도 이제 젊지는 않고."

"왜 그런 말씀을 하세요? 이 회사의 일이라면 모르는 게 없는 분이시잖아요. 제가 입사 면접을 볼 때 면접관들마다 다 그렇게 말씀하셨어요. 매트 씨와 데이너 씨 밑에서 일하게 된 건 정말 대단한 행운이며 기회라고. 이 회사에서 자신이 얼마나 귀중한 존재인지 모르시겠어요? 지금까지 쌓아오신 경력에 대해 모든 사람들이 존경의 눈으로 바라보고 있어요."

"그래. 걸어다니는 인간 스크랩북이지. 그런데 스크랩북이 승진했다는 소식을 가장 최근에 들은 게 언제였더라?"

"애정 어린 뜻으로 하는 말이지요! 선배님의 경험은 회사의 새로운 방향을 위해서 꼭 필요한 거예요."

"새로운 방향? 푸! 이제 겨우 입사한 지 네 시간밖에 안 됐는데, 그놈의 새로운 방향에 대해 나보다 니키가 더 많이 알고 있는 것 같군. 그동안 나한테는 한마디 상의도 없이 자기들끼리 벌써 모든 걸 결정해버렸더라고. 오늘 아침 회의를 니키가 봤어야 하는 건데…… 내가 낄 자리는 애초부터 없었던 거야."

데이너는 이렇게 말한 뒤 손가방에서 티슈를 꺼냈다.

"너무 확대 해석하시는 것 같아요. 일이 어떻게 풀릴지는 모르잖아요? 어쩌면 더 좋은 일이 생길 수도 있고요."

"니키 입장에선 그렇게 말하는 게 쉽겠지. 앞길이 구만리 같으니까 말이야. 하지만 난 그저 먹다 남긴 음식 찌꺼기에 불과해. 빨리 먹고 나가야겠어. 그런데 음식엔 거의 손도 대지 않았네. 저녁거리로 싸 가지고 갈까?"

니키는 그제야 자신이 음식을 거의 먹지 못했다는 사실을 깨달았다.

"아니에요. 체중 관리중이거든요. 전엔 지금보다 이십칠 킬로그램이나 더 나갔어요."

"그럴 리가? 지금은 완전히 말라깽인데!"

"말라깽이는 좀 심하네요. 사실 좀 마르긴 했지만, 다시 살이 찌지 않도록 지금도 관리를 해야만 해요."

니키는 식탁 위에 놓인 또띠아 칩 바구니를 손으로 가리키며 말을 이었다.

"전에는 매일 밤 자기 전에 저런 칩을 한 바구니씩 먹곤 했어요. 어떨 땐 두 바구니도 먹었죠. 제가 이가 덜덜 떨리는 이 추운 날씨에 무슨 재미로 자전거를 타고 다니겠어요? 그것도 다 운동을 위해 그러는 거예요."

"놀라운데? 살 빼려고 고생하는 여자들을 많이 봤지만, 니키는 정말 의외야."

"그냥 체중 조절하는 문제만은 아니에요. 그보다는 더 복잡한 문제죠. 사실 전 음식과의 관계 때문에 애를 먹고 있어요. 저와 같은 사람들이 수백만 명은 될 거예요. 여자들만의 문제도 아니고요."

"아, 그런 얘기를 해줘서 고마워. 그 얘길 들으니까, 사람들이 겉으로 보기에는 아무 문제도 없는 것 같지만 실제로는 그렇지 않다는 생각이 드는군. 내 말은, 누구든 사소한 비밀 하나쯤은 갖고 있다는 얘기지. 안 그래?"

데이너가 잔을 비우고서 다시 말했다.

"이제 일어나야겠어. 날 기다리고 있는 굴욕 시리즈가 아직 많이 남아 있다는 사실을 깜빡했네."

"아이 참 또 그러신다. 운전, 제가 할까요? 오늘 마음이 많이 복잡하신 것 같은데."

"고마워, 니키. 니키는 참 다른 사람의 말을 잘 들어주는 것 같아. 젊은 친구가 나보다 인생을 더 산 것처럼 현명하다는 인상을 줘. 이유가 뭘까? 그것도 내가 아까 말했던 혼자만의 비밀인가? 갑자기 궁금하네."

"글쎄요! 비밀이 궁금하시다면 저는 신비주의 전략을 한번 써 볼래요."

니키가 가볍게 말을 받으며 함께 일어섰다.

SCENE 9

"두시네요. 이곳 판매 책임자께서 어디에 계신지 아시나요?"

피터가 다소 과장되게 친한 척을 하면서 안내 데스크의 여직원에게 물었다.

"점심식사를 마치시고 지금은 사무실에서 당신을 기다리고 계십니다. 오시면 바로 사무실로 안내하라고 하셨어요. 이층으로 올라가셔서 오른쪽으로 돌면 커다란 벌집이 보이실 텐데, 바로 그 옆방입니다."

피터는 층계를 올라 오른쪽으로 돌며 회사의 공식 마스코트인 커다란 벌집 조각을 보고는 빙그레 미소를 지었다. 안락해 보이는 매트의 사무실 앞에서 피터는 반쯤 열린 문에 노크하는 척하며 "혹시 매트 파커 씨인가요?" 하고 물었다.

"'혹시'일 리 없죠. 이곳을 온통 까발리고 돌아다닌다는 바로 그분이시군요?"

매트는 농담을 하며 피터에게 손을 내밀었다.

"이곳 최고의 사기꾼을 가장 먼저 만나기로 하셨다니 영광입니다. 더 일찍 만나 뵙지 못해 죄송합니다. 일이 보통 바쁜 게 아니라서 말이죠."

"그런 일들을 취재하고 있는 중이랍니다. 좀더 말씀해보세요."

"피터 씨, 제가 지금 말씀드릴 사안은 당분간 공개해서는 안 되는 것입니다. 내일 사장님으로부터 공식적인 발표를 듣게 되실 텐데요, 제가 특별히 먼저 말씀드리자면, 상황이 사장님께서 그리시는 것처럼 그렇게 장밋빛은 아니라는 것입니다. 무슨 말인지 아시겠습니까?"

살짝 웃는 피터의 미소에서 그의 신중함이 묻어났다.

"매트 씨, 전 우선 회사의 전반적인 흐름에 대해 듣고 싶습니다. 괜찮으시다면 말이죠. 그런 다음, 말씀하신 바대로 장밋빛이 아닌 그것이 무엇인지 그 얘기를 듣고 싶습니다. 아직은 비공개 정보를 다루기가 꺼림칙합니다. 잔이 절 이곳에 초대했기 때문에 그녀에게 누를 끼치고 싶지는 않습니다."

피터가 이렇게 말하자 매트는 피터의 어깨에 팔을 두르며 대꾸했다.

"아, 그럼요. 좋습니다. 얘기가 끝난 후엔, 이번 만남은 없었던 걸로 합시다. 아셨죠?"

"네, 매트 씨. 그렇게 하지요."

꿀통 속에 빠진 벌을 건져내는 법

위태위태한 데이너의 줄타기,
균형을 찾아나서다.

'도대체 잔 라스무센이란 여자는 누구란 말인가?'

피터 에이브럼스는 컴퓨터 앞에 앉았다. 옆에는 김이 모락모락 나는 모닝커피가 놓여 있었다. 피터는 구글 검색창에 '잔 라스무센 비내추럴 CEO'를 입력했다. 벌써 똑같은 일을 쉰 번도 넘게 하고 있었다. 마치 어떤 마법의 힘이 그를 놀리듯, 잔 라스무센은 흉악범이거나 상점 좀도둑, 혹은 불법 케이블박스를 소유하고 있다는 정보가 화면에 떴다. 오늘 아침도 다르지 않았다. 잔 라스무센과 직접 관련된 정보는 고작 서른다섯 개밖에 없었는데, 그것도 대부분 몇 개월 전 비내추럴의 CEO로 임명되었다는 언론의 기사들이었다. 그녀가 여성용 잡지의 독자투고란에 기고한 글이 몇 개 있었고, 아마존닷컴에 올린 '한부모를 위한 권장 도서' 목록도 있었다. 그런 것들을 제외하면, 그녀는 베일에 싸인 신비의 인물이었다. 그녀는 세상에서 가장 알려지지 않은 CEO인 듯했다. 하지만 피터는 자신이 가진 집요한 인터뷰 능력으로 이 CEO의 마음속까지 꿰뚫어 결코 기회를 놓치지 않겠다고 생각했다.

"에이브럼스 씨, 죄송합니다. 제가 늘 나쁜 소식만 전해드린다고 생각하실 것 같은데, 사장님께서는 지금 급한 전화를 받고 계십니다. 사장님께서는 에이브럼스 씨를 만나 뵙고자 하시지만, 몇 분 기다리셔야 할 것 같습니다."

피터가 비내추럴 본사에 도착했을 때, 안내 데스크 직원이 말했다.

"괜찮습니다. 기꺼이 기다리겠습니다. 또 회사의 연례 보고서를 읽고 있죠, 뭐. 혹시 사장님께서 시간을 변경하고 싶어하시면, 그래도 괜찮습니다."

"전화 통화가 끝나면 알려드릴게요. 아, 잠깐만요. 방금 통화가 끝난 것 같네요. 제가 여쭤보겠습니다."

"천천히 하세요. 기자라는 직업이 원래 기다림의 연속이지요."

"기다리실 필요는 없을 것 같네요. 사장님께서 바로 올라오시라고 합니다. 오층에 올라가시면 비서가 맞아줄 겁니다."

피터가 사무실에 들어서자, 잔 라스무센이 차분한 태도로 그를 맞았다. 피터는 급한 일이 있는지 물어야 될 것 같다는 생각이 들었다.

"별일 아니에요. 하지만 좀 짧게 끝내야 할 것 같네요. 제가 싱글맘이라는 사실을 아는 사람은 거의 없어요. 방금 전에 제 어린 딸을 돌보는 여자에게서 전화가 왔었는데, 딸아이가 열이 많이 난다고 하네요. 인터뷰가 끝나면 곧바로 집에 달려가 딸아이 상태를 살펴봐야겠어요. 가끔은 엄마의 사랑과 관심이 효과를 보일 때가 있잖아요."

"빈말이 아니라, 인터뷰를 다음 기회로 미뤄도 전 상관없습니다. 급한 일부터 보셔야지요."

"괜찮습니다. 대신 본론만 얘기하도록 하지요. 질문을 하실 건가요, 아니면 제가 그냥 말하면 되는 건가요?"

"괜찮으시면 인터뷰 내용을 녹음했으면 합니다. 그래야 서로 편하거든요. 먼저 말씀하시면, 제가 들으면서 묻고 싶은 게 생기면 질문 드리겠습니다."

"좋아요. 그럼 우선 제가 기사의 주제가 되지 않길 바란다는 말부터 하고 싶네요. 또한 우리 회사가 주제가 되는 것도 원하지 않습니다. 우리가 이곳에서 겪고 있는 변화를 집중적으로 다룬다면 사람들에게 보다 많은 도움이 될 거라 생각해요. 조직의 변화는 아마도 모든 회사들이 직면하는 가장 큰 도전일 겁니다. 우리의 경험이 사람들에게 도움이 된다면 그보다 기쁜 일은 없을 거예요."

피터가 약간 놀랐다.

"네. 사실 처음에 제가 이곳 홍보 책임자에게 전화를 드렸을 때, 바로 그 점이 제 기사의 주제가 될 거라 밝힌 바 있습니다. 하지만 사장님께서 하시는 말씀을 인용할 수밖에 없을 것 같습니다. 물론 경영진을 포함해 다른 사람들의 말도 마찬가지고요. 그리고 회사의 이름도 밝혀야만 합니다. 그래도 문제가 되지 않았으면 좋겠는데……."

"아, 전 아무래도 괜찮아요. 하지만 앞으로 얘길 나눌 사람들 중에는 저와는 달리 변화에 대해 적극적이지 않은 사람들도 있을 겁니다. 저는 새로운 제품이나 새로운 포장에 대한 얘기로 많은 시간을 보내지는 않을 거예요. 저는 보다 근본적인 일을 하기 위해 이곳에 온 것입니다. 제가 할 수 있는 한 최대로 우리의 주주 그룹들로부터 변화에 대한 동의를 얻어내는 것, 그게 바로 저의 임무죠. 그리고 가장 큰 주주 그룹은 우리의 고용인들이라고 생각합니다. 그래서 그 어느 것보다 더 그들에게 온 신경을 쏟고 있는 거고요. 적어도 당분간은 말이지요."

"정말 그런 말을 들으니 기분이 좋군요. 그런데 기대하는 것보다 덜 변화를 반기는 사람들이 있다고 하셨는데, 그 말에 뭔가 숨은 뜻이 있는 건가요?"

"피터 씨, 전 그런 식으로 말할 줄 몰라요. 오해를 피하기 위해 좀더 직접적으로 말하자면, 경영자로서 제가 가장 심각하게 여기는 점은 직장 내에서 서로에 대한 믿음이 부족해지는 문제랍니다. 그 문제 하나만으로도 이곳에서 변화를 시도하려는 저의 노력은 수포로 돌아가고 말 거예요."

"제가 대화를 나눠서는 안 될 사람들이 있다면 말씀해주세요. 사장님의 뜻을 존중하겠습니다."

"아뇨. 우리 이야기가 편집되는 것은 원하지 않아요. 좋은 얘기니까요. 우리 회사의 경영진, 장부는 물론 고객들까지, 원하시는 대로 자유롭게 접근하셔도 괜찮아요. 피터 씨가 우리 '기업의 진화'에 대한 이야기를 쓰는 동안 변화를 필요로 하는 사람들은 꼭 그 변화를 이룰 수 있을 거라 확신해요. 또한 저는 한두 명의 간부 직원들을 잃을 각오까지 하고 있습니다. 제가 이끄는 방향을 그들이 싫어한다면 말이지요."

잔은 격앙된 목소리로 계속 말을 했다.

"이곳에는 각양각색 다양한 타입의 사람들이 있어요. 어떤 이들은 새로운 직원이고, 또 어떤 이들은 일생을 이곳에서 보낸 직원이며, 몇몇은 제가 듣고 싶어하는 말을 할 것이고, 또 몇몇은 제 자리를 자신들이 맡아야 한다고 생각하지요. '적과의 동침', 전 그렇게 부르고 싶은데, 그런 관계를 맺고 있는 사람들도 섞여 있지요. 여느 회사와 별로 다를 바가 없어요. 하지만 이들 중 몇몇이 직장에 가져오는 '독'이 외부 주주들의 눈에 띄기 시작한다면, 저는 보다 더 건강한 일터를 만들기 위해 할 수 있는 모든 조치를 취할 수밖에 없어요. 혼자서 그 일을 다 할 수 있다는 환상을 갖고 있진 않아요. 이곳에서 우리가 그리고 있는 변화의 그림을 당신이 정확히 써주신다면 사람들이 저와 같은 방향으로 노를 저을 수 있도록 마음을 움직일 수 있을 거라 기대했던 거지요."

"와! 잔, 솔직한 점이 참 마음에 듭니다. 하지만 조금 뜻밖인데요. 전 아침 내내 벌의 서식지나 생식 반응 같은 벌의 생태에 관한 얘길 나눌 거라 생각했거든요."

"벌 얘기라면 얼마든지 얘기할 수 있지요. 아시는지 모르겠지만, 저의 아버지께서는 양봉을 하셨어요. 그런 사실이 인터넷에도 올라 있는지 모르겠지만, 사실이에요. 제가 이 자리에 오기 위해 애를 썼던 것도 그 때문이죠. 아버지의 명예를 위해서. 전 텍사스에서 자랐는데, 아버지께서는 부수입을 올리기 위해서 벌을 치셨어요. 그 작은 곤충들이 얼마나 많은 꿀을 생산하는지 정말 놀라울 정도죠. 조직이란 면에서도 많은 것을 알게 해주고, 또 계급에 대해서도 많은 것을 배울 수 있었어요. 하지만 우리가 제품을 어떻게 만들고 마케팅 하는지 구체적인 것들에 대해서는 부서장들의 몫으로 남겨두기로 할게요. 그런 일에 대해서는 그들이 저보다 훨씬 더 잘 알고 있으니까요."

피터는 녹음기에 손을 뻗어 정지 버튼을 눌렀다.

"잔, 생각이 참 좋으시네요. 당분간은 그 정도만 해도 될 것 같습니다. 나중에 공장도 직접 방문하고, 다른 간부들과 인터뷰를 한 다음에 다시 한 번 만나서 애길 나눴으면 좋겠습니다. 이제 댁에 가셔서 따님께 엄마의 사랑과 정성을 베풀어주세요."

"피터 씨, 저도 같은 생각을 하고 있던 참이었어요."

매트 파커는 파티션 위에 턱을 괴고 서서 니키 카바나가 복잡한 사내 인트라넷을 익히고 있는 모습을 훔쳐보고 있었다. 매트가 인기척으로 침묵을 깨자 니키가 흠칫 놀랐다.

"놀라게 할 생각은 아니었어, 니키. 이제 점심시간이 다 됐는데, 내가 샌드위치 사줄까 해서 왔는데."

"그럼 좋지요. 밑에서 뭘 요리하고 있는지 모르겠지만, 냄새가 아주 좋은데요. 한 시간 전부터 배에서 꼬르륵 소리가 나고 있었어요. 지금 갈까요?"

"니키만 준비되면 난 언제든 좋지. 혹시 데이너가 우리와 함께 갈 수 있는지 알아봐야겠군."

"함께 어딜 간다는 거죠?"

언제 나타났는지 데이너가 방금 복사한 조직 구성표를 니키에게 전해주며 매트에게 물었다.

"내가 니키와 당신에게 점심을 사줄까 하던 참이었어. 어제는 당신이 온종일 니키를 차지하고 있었잖아. 어젠 정말 함께하지 못해서 아쉬웠거든."

"그럼 오늘은 기꺼이 우리가 판매국 경비를 축내줘야겠네."

"에이, 무슨 소리! 내 호주머니를 털어서 사는 거란 말이야. 시작부터 한 팀으로서 팀워크를 다져보자는 의미에서 말이지."

"고마워요. 잘 먹을게요."

구내식당으로 향하던 중, 니키는 복도를 따라 은은하게 풍겨 나오는 달콤한 향기에 대해 데이너에게 물었다.

"꿀 냄새야. 구내식당에서는 매일 우리 벌들이 생산하는 꿀로 음식을 만들지. 인트라넷에서 확인해보니까 오늘은 꿀과 생강을 넣은 케이크를 만든다고 하더군. 지금은 모두들 당연하게 여기는 작은 혜택 중 하나지."

"정말로 여기에 벌이 있다는 건가요?"

니키의 물음에 매트가 대답했다.

"이 건물 안에 벌이 있는 건 아니지만, 우리의 뿌리에 대해 잊지 않는 것은 중요하다고 생각해. 우리가 큰 회사로 성장한 이후로는 직접 밀랍을 생산하지 않지만, 정직과 성실을 위해, 다시 말하자면 '초심을 잃지 않기 위해' 소규모로 꿀벌을 관리하는 직원들을 두고 있지. 대부분의 사람들은 꿀을 얻기 위해 벌을 치지만, 우린 밀랍을 얻기 위해 벌을 치지. 밀랍은 지구상에서 가장 오래되고 가장 순수한 물질이라고 하더군."

매트의 말을 듣고 있던 데이너가 게살 샌드위치를 주문하면서 말을 받았다.

"맞아. 그리고 우린 오랫동안 인근 양로원과 고아원에 꿀을 보내기도 했지. 회사가 성장하면서는 부족한 밀랍 생산량을 보충해줄 공급업자들을 찾는 지경에 이르렀지만. 시간이 지나면서 직원들조차 벌들이 생산하는 꿀에 대해서는 의미를 두지 않는 것 같아."

"사실, 우리 벌들이 생산하는 꿀을 병에 넣어 고객들에게 사은품으로 나눠주자는 것도 데이너의 제안이었지. 데이너는 언제나 우리 제품들이 벌집에서 나온다는 사실을 잊어서는 안 된다고 말하지. 우리가 식당을 갖춘 이 건물로 이사 왔을 때, 매일 벌꿀로 만든 음식을 넣어 식단을 짜자고 한 것도 데이너의 아이디어였고. 난 참 좋은 전통이라고 생각해."

"매트, 웬일이에요? 내 칭찬을 다 하고? 지금은 기억도 가물가물한 정말 오래된 일이네요. 어쨌든 다시 옛 기억을 떠올리게 해줘서 고맙네요, 매트."

"니키, 데이너는 지금까지 이 회사에서 실행한 좋은 일들을 많이 주도해왔어. 그녀가 떴다 하면 비내추럴의 주식 가치가 달라졌다고. 너무 겸손하셔서 자신이 이 회사에 미친 영향력이 얼마나 대단한지 인정하지 않으려 하지만 말이야."

계속되는 매트의 칭찬에 데이너가 약간 수줍어하며 말했다.

"매트! 아침에 꿀 한 단지 먹고 나왔나, 입을 열 때마다 달콤한 말만 나오네요?"

"그러게. 나이가 든 건가? 사실 데이너와 나는 오래전부터 회사의 운명을 같이 했잖아. 미운 정이 든 건지도 모르지. 요즘 회사가 돌아가는 걸 보면 나도 옛날 생각이 많이 나."

"나이가 드니 좋은 것도 있네. 옛날에 우린 말도 안 통하는 꼴통이라고 맨날 으르렁댔는데 매트와 이런 날이 올 줄이야. 아무튼 매트의 칭찬을 들으니 자신이 생기네요. 그렇지 않아도 니키와 나도 이런 대화를 나눴어요……, 전통을 존중하면서 균형 있게 변화를 꾀하는 게 참 힘들다는 얘기. 그렇지, 니키?"

"맞아요. 그런데, 매트 씨의 말씀도 옳아요. 데이너는 자신이 이곳에서 얼마나 존경을 받고 있는지 모르시는 것 같아요. 벌써 여러 사람에게서 그런 말을 들었거든요. 정말 슬픈 일이지만, 너무도 많은 사람들이 회사를 떠나기 전까지는 자신의 존재감과 자신이 회사에 미친 영향력에 대해 알지 못하는 것 같아요."

니키는 진실한 마음에서 이런 말을 했지만, 말을 하면서 어쩐지 자신이 아부를 하고 있다는 생각이 들었다. 매트는 창밖으로 일본식 정원이 내다보이는 구석진 자리로 가면서 말했다.

“누구도 데이너를 대신할 수 없다는 건 분명하지.”

“이런, 점심은 내가 사야 되겠는데! 그런 말을 들으면 자신감이 생기긴 하죠. 사실 지금 나에게 필요한 말이기도 하고요. 오늘 오후에 가족 상담치료를 받아야 하는데, 분명 ‘데이너 요새’에 대한 맹렬한 폭격이 가해질 거예요.”

니키는 잠시 매트를 바라보다가 데이너에게 말했다.

“어려우시겠지만 공격을 받는 자리란 생각을 잠시 버리고 편안하게 상담을 받아보세요.”

“니키, 그게 말처럼 쉬운 것이 아니야. 상담이 시작되면 우린 다들 기다렸다는 듯이 날카로운 이빨을 드러낸다고.”

“가족 중 누구도 서로에게 상처주길 바라진 않을 거예요. 우선 서로의 이야기를 듣는 거지요. 서로에 대한 언급조차 없다면 그건 이미 상처가 곪아 터진 거예요. 공격의 언어가 아니라 정말 절실하게 관심을 구하는 애정의 언어로 들어보세요. 어쨌든 화목한 가정이 되고 싶은 마음은 모두가 같잖아요.”

니키의 말에 데이너가 말했다.

“와! 니키, 그런 걸 알고 있었어? 니키는 나이에 비해서 정신적으로 성숙한 것 같아. 정말 겸손한 사람은 내가 아니라 니키야.”

니키는 샌드위치를 다 먹은 후에 말했다.

"전에 어머니께서 냉장고에 붙일 문구를 보내주셨는데, 냉동실에서 아이스크림을 꺼내 먹을 때마다 그 문구를 보게 돼요. 거기엔 이런 말이 쓰였어요. '자기 비하란 자신을 낮게 생각하는 것이 아니라, 자신에 대해 덜 생각하는 것이다.' 이런 말들이 진부한 말이라고 흘려버리는 사람도 많을 거예요. 하지만 그런 말 속에는 마음을 서늘하게 만들 만큼 인생의 진실이 담겨 있거든요. 그래서 사람들의 입에 많이 오르내리게 되고 결국 그저 그런 말이 됐나 봐요."

니키의 말을 듣던 매트가 빙긋 웃으며 말했다.

"데이너의 말이 맞아. 니키는 정말 특별한 것 같아. 앞으로 회사의 큰 인재가 될 것 같은데."

"이렇게 말하면 어떻게 생각하실지 모르지만, 전 사람들이 나름대로의 방식으로 스스로에게 진실하다고 믿어요. 다만 어떤 사람은 바닥으로 곤두박질치면 잃어버린 것만 생각하고 어떤 사람은 모든 것을 다 잃었으니 앞으로 얻게 될 것을 생각하죠. 상황에 대한 시각 차이인 것 같아요."

"그래 맞아! 니키를 보니까 내가 사회생활을 처음 시작할 때가 생각나네. 다시 그 젊은날의 자신감과 활력을 되찾을 수만 있다면 참 좋겠는데. 나중에 언제 시간이 나면 내게 니키의 비법을 좀 알려줘.”

"그럴게요. 기회가 있을 때마다 알려드릴게요!"

"신비주의 약발이 너무 짧은 거 아니야?"

데이너의 말에 니키가 웃음을 터트렸다.

데이너는 토드와 미팅을 하기로 했지만, 별로 내키지 않았기 때문에 가족 상담을 위해 회사를 나서야 할 시간 바로 전으로 미팅 스케줄을 잡았다. 하지만 그녀는 왠지 생각했던 것보다는 더 즐거운 미팅이 되리라는 예감이 들었다. 데이너는 토드의 사무실에 들어가다가 토드가 통화하는 소리를 듣게 되었다.

"제가 말씀드렸잖아요, 어머니. 정말 죄송하지만 올해 명절엔 갈 수 없어요. 지금 회사는 온갖 변화를 다 겪고 있어요. 지난주에 말씀드렸듯이 저는 새로운 피부 관리 제품 개발에 매진해야 됩니다. 그래서 요즘 새로운 거래처를 찾느라 눈코 뜰 새 없이 바쁜데다가 도와주는 사람도 없이 혼자서 다 하는 상황이라구요. 지금 회의에 들어가야 돼서 이만 끊어야 될 것 같아요. 후아나 이모님께도 안부 전해주세요. 사랑해요, 어머니."

토드가 전화를 끊자, 데이너는 의자를 당겨 앉았다.

"정말 안타까운 대화인데요. 우리가 새로운 사업을 시작하긴 하는 모양이군요. 아쉬운 점이 있다면, 제가 토드의 어머님보다도 그 소식에 늦었다는 거네요. 연장자로서 그 정도 대접은 받아도 되지 않을까 싶은데."

"데이너, 어제 잔과의 미팅에서 들었다시피 새로운 오너들은 잔에게 진군하라는 명령을 내렸고 지금 극적인 결과를 기대하고 있습니다. 사실 제가 이 회사에 고용되었을 때 데이너도 우리가 미용 사업에 뛰어들 거란 사실을 예상은 했을 겁니다. 어차피 제가 아는 건 그쪽 분야밖에 없으니까요."

"아, 그래요. 어쩌면 제가 좀더 깊이 있게 상황을 따져보아야 했겠지만, 전 당신이 의사 결정 과정에 저를 포함시킬 수도 있었다고 생각해요."

"무슨 말씀인지 압니다. 우선 사과드리겠습니다. 제가 잔에게 보여준 프로젝션을 보셨다면 데이너도 아마 깜짝 놀라셨을 겁니다. 이 새로운 제품군을 생산하기 시작하면 단 이 년 만에 칠천오백만 달러의 매출을 올릴 수 있을 겁니다."

토드의 말을 듣는 순간 데이너는 주먹을 꽉 쥐었다.

"판매 프레젠테이션까지 했단 말이에요? 매트에겐 한마디 상의도 없이? 그런 말도 안 되는 일이 어디 있어요?"

"잔이 이 정보를 신중하게 다루라고 지시했기 때문에 어쩔 수 없었습니다. 어제 잔이 매트에 대해 하는 말을 당신도 들었잖아요. 제가 개인 미용 관련 산업에 대해 아는 바를 토대로 프레젠테이션을 준비했는데, 시장이 엄청나게 크더군요. 게다가 환경을

생각하는 소비자들에게 꿀벌을 연결시킨 제품을 내놓으면 그야
말로 대박이 나는 거죠."

"정말로 이 년 만에 칠천오백만 달러의 매출을 올리는 회사가
되면 어쩌죠? 그러면 우린 더 많은 직원들을 뽑아야 하겠지요. 이
곳에서 유능한 종업원들을 뽑는 게 얼마나 힘든 줄 아세요? 특히
말 그대로 사람들이 이리저리 도망을 다니는 겨울철에는 더하지
요. 정말로 이 일에 대해 깊이 생각해보셨는지 의심스럽네요."

토드는 데이너에게 가장 최근에 자신이 생각해낸 아이디어에
대해 말을 꺼내기 전에 잠시 뜸을 들였다.

"어, 어쩌면 회사를 다른 곳으로 옮겨야 할지도 모릅니다. 사
실 우린 너무 따로 떨어져 있습니다. 데이너 당신도 주요 고객들
을 만나기 위해 비행기를 타고 날아다니는 게 얼마나 힘든지 모
른다며 불평을 한다는 얘길 들었습니다. 데이너, 회사는 변하고
있습니다. 당신도 그 점을 깨닫고 인정해야만 합니다."

"깨달아야만 할 사람은 당신일지도 모르죠. 전 이곳에 가족이
있고, 이곳에서 나름의 문제를 안고 있지만, 우린 이곳에서의 삶
을 사랑합니다. 그리고 당신은 제가 이 회사에서 헌신적으로 일
해왔다는 점도 깨달아야 할 거예요. 당신과 같은 누군가가 자신
의 출세와 성공을 원한다고 해서 제가 목욕물과 함께 버려지는

일은 없을 거예요!"

데이너는 자신의 몸이 떨리고 있다는 사실을 느끼고 있었지만 할 말이 더 남아 있었다.

"다음 주 이사회 총회에서 나는, 할 말을 참고 있지는 않을 거예요. 당신은 당신의 그 새로운 제품 라인에 대해 하고 싶은 말을 다 하세요. 그게 당신의 일이니까. 회사를 옮기는 문제라면 그건 당신 선을 넘는 것이에요. 난 분명히 그렇게 말할 겁니다. 그리고 토드 씨, 당신이 쓰는 전술은 전혀 내 맘에 들지 않는다는 점도 밝힐 수밖에 없겠네요. 잔이 당신에게 전권을 위임했다고 했지요? 그게 사실이라면 정말 잔에게 실망이네요. 내 말을 그대로 전해도 상관없어요. 물론 내가 굳이 말을 안 해도 어련히 그렇게 하시겠지만. 이제 내 가족 일을 보러 가야겠네요. 아까 어머니와 통화하시던데, 부디 직장 동료로서의 모습보다는 아들로서의 모습이 더 낫길 바랍니다."

시한폭탄, 카운트다운

데이너,
균형을 잃고 추락하다!

SCENE 15

'정말 괜찮은 직장인 것 같아. 이제 겨우 수요일인데 벌써 경영진들로부터 세 번씩이나 점심을 대접받고.'

니키는 잔 라스무센의 비서로부터, 잔은 새로운 직원이 입사할 때마다 점심을 함께 하고 있으며 정확히 열두시까지 사장실로 오라는 내용의 이메일을 받았다.

니키가 비서실에 도착하자 비서는 잔이 안에서 기다리고 있다고 말해주었다.

"도착했다고 전해줄까요? 원하시면 그렇게 해줄게요."

"아니, 괜찮습니다. 제가 직접 할게요. 사장님께서 신입사원과 점심을 함께 하시는 건 정말 좋은 전통인 것 같아요."

"그래요. 그리고 이번엔 혼자뿐이니까 사장님을 독차지할 수 있겠네요."

니키가 일본식 정원이 내려다보이는 넓은 사무실에 들어섰을 때 잔은 문을 등지고 있었다. 잔은 인트라넷에 올라온 서류를 검토하는 중인 듯했다.

"실례합니다. 전 니키 카바나라고 합니다. 점심식사를 위해 왔습니다."

깜짝 놀란 잔이 너무 급하게 뒤를 휙 돌아보는 바람에 왼쪽 귀에 달려 있던 귀고리가 책상 위로 떨어졌다.

"이런! 또 떨어졌네."

잔은 떨어진 귀고리를 재빨리 집어 제자리에 달면서 말했다.

"난 잔 라스무센이라고 해요. 기업에 대해선 아는 게 없는 초보예요."

"만나 뵙게 되어 기뻐요, 사장님. 이렇게 사장님에 대해서 조금이라도 알게 될 기회를 주셔서 감사합니다."

니키는 이렇게 말하고 나서 속으로 생각했다.

'아이 참, 이 무슨 바보 같은 말이람. 어휴, 완전히 날 촌뜨기라 생각하겠군.'

"그냥 잔이라고 불러줘요. 그리고 기쁜 쪽은 오히려 나예요. 난 새로 들어온 신입사원을 만나면 아주 즐겁답니다. 편하게 얘기를 나누면 서로 많은 걸 배우게 될 거예요. 사실 이렇게 니키를 만나는 오늘이 내겐 일주일 중 가장 하이라이트라고 할 수 있겠네요. 오늘은 우리 둘만 만나는 거니까 샐러드와 주스를 올려 보내 달라고 했어요. 그럼 더 오붓한 시간을 가질 수 있지 않겠어요?"

"아, 샐러드에 들어간 드레싱은 말씀 안 하셔도 됩니다. 허니 머스터드 드레싱이지요?"

니키의 말에 잔이 윙크를 하며 대답했다.

"맞아요. 니키도 벌써 우리 회사의 전통에 대해 들은 거로군요."

"네. 매트 씨께서 어제 말씀해주셨어요. 그 아이디어를 처음 낸 것이 데이너 씨란 말도 들었고요. 참 좋은 전통이라고 생각해요."

"데이너의 아이디어였다고요? 그건 나도 몰랐는데."

잔은 그렇게 말하면서 재빨리 옆에 놓인 메모장에 뭔가를 적었다.

"그 두 분과 함께 일하게 되어 정말 기쁩니다. 두 분은 정말 이 회사에 대단한 영향력을 행사하시는 것 같아요. 특히 데이너 씨는 이곳에 오래 계셨다지요?"

'흉을 본 것처럼 들렸을까? 혹시 내가 데이너를 공룡 화석으로 만든 건 아니겠지?'

부서장들과의 회의용으로 사용하는 대리석 테이블로 두 사람이 이동할 때, 잔의 책상에 놓인 사진이 니키의 눈에 띄었다. 웃옷을 입지 않은 남자의 맨몸에 벌떼가 달라붙어 있는 사진이었다.

"야! 이건 정말 유명한 사진이잖아요. 이 사진이 우리 회사와 무슨 연관이 있는 건가요?"

"아, 사진을 봤군요. 텍사스의 농장에서 찍은 아버지 사진이에요. 아버진 양봉을 하셨죠."

"정말 멋지네요! 이 사진은 제 사진책에도 있고, 심지어 엽서에도 실려 있어요. 사실대로 말씀드리자면 전 좀 징그럽다고 생각했어요."

'앗! 내가 너무 심한 말을 했나?'

"아, 나도 그런 생각 했어요. 믿을지 모르겠지만, 아버진 저렇게 평생 벌을 치면서도 단 한 번도 벌에 쏘인 적이 없었지요. 당신이 너무 약아서 벌에게 쏘이지 않는다고 말씀하셨어요. 그런데 니키의 말을 들으니 사진에 대해 좀 알고 있나 봐요."

"'좀'이란 말을 강조해야겠지요. 학교에서 사진학을 수강한 적이 있는데, 그후로 사진에 푹 빠졌었답니다. 아버지께서 저를 위해 집에다 암실을 만들어주실 정도였으니까요. 그런데 프로비던스에서 전시회를 몇 번 한 후로는 곧 깨닫게 되었어요. 다른 학생들에 비해 사진을 보는 안목이 형편없다는 것을. 뭐 그래도 사진을 좋아하는 마음은 여전했어요."

"저기, 우리 회사에서는 항상 새로운 카탈로그를 만드는데, 언제나 제품 사진과 함께 벌과 벌집 사진을 싣지요. 언제 한번 카탈로그 작업에 참여해볼래요?"

"아, 전 보통 흑백 사진을 찍었는데, 뭐 벌집을 모델로 한 흑황 사진도 해볼 만하겠네요."

니키의 농담에 잔이 깔깔 웃으며 대꾸했다.

"함께 일하게 되어 기뻐요. 자, 맛있게 드세요."

점심식사는 니키가 예상했던 것보다 훨씬 더 즐거웠다. 잔은 품위 있고, 재미있었으며 매력적이기까지 했다. 하지만 잔이 부서의 업무 분위기에 대해 캐묻기 시작하자 그런 이미지가 약간 퇴색되었다.

"잔, 분위기를 알고 싶어하시는 마음은 이해하겠는데, 전 이제 겨우 입사한 지 사흘밖에 안 됐어요. 제가 지금 뭘 말씀드린다고 해도 별 소용이 없을 거예요."

"그렇지 않아요. 회사는 모든 사람들에게서 피드백을 얻어야 해요. 그리고 가끔은 새로 입사한 사람에게서 듣는 말이 가장 가치 있을 수도 있어요."

'아, 내가 하는 말을 얼마나 받아들일 수 있을까? 솔직하게 말해도 괜찮을까? 〈어 퓨 굿맨A Few Good Men〉에서 잭 니콜슨이 했던 말대로, 그녀는 진실을 감당할 수 있을까?'

"글쎄요, 그럼 솔직하게 말씀드릴게요. 이름을 밝힐 수는 없지만, 이곳에는 새로운 오너들이 하고자 하는 일에 대해 다소 걱정하는 사람들이 있는 것 같아요."

“그럼 니키 본인은 어떤가요?”

“저는 회사에서 그 뿌리와 가치에 대해 보여주는 존경심이 마음에 들어서 이곳을 선택했어요. 정말 모든 사람들이 일에 대해 헌신적이며 적극적으로 애정을 갖는 것 같습니다. 회사 생활에 대한 경험은 별로 없지만, 제가 수습사원으로 일했던 예전 직장에서는 사장이 자사에서 판매하는 제품의 가격조차 모른다고 사람들이 농담을 했어요.”

“이런! 참 찔리는데요. 나 역시 제품 주문서도 잘 못 쓰는데. 하지만 내가 주문서를 쓰기 위해서 이곳에 와 있는 건 아니니까. 모회사로부터 이곳의 기업 문화를 변화시키라는 명령이 있었어요. 바로 니키와 같은 사람들이 그런 변화를 이끌 거라고 생각해요.”

“네. 변화를 두려워하지 않도록 할게요. ‘변화와 함께 기회가 찾아온다’고 늘 강조하시는 저희 어머님이 회사에 계셨다면 초고속 승진하셨을 거예요.”

“하하. 어머님의 그런 마음가짐을 배웠다면 니키에게 기회가 꼭 찾아올 거예요. 내가 보장하지요.”

데이너가 잠을 못 이루고 뒤척이는 통에 데이너의 남편은 다른 방에 가서 자야 했다. 토드와 언쟁을 하고 난 후, 가족 상담에서 그녀는 또 한 번 마음에 상처를 입어야 했다. 그녀의 아들이 "엄만, 그저 자신밖에 생각하지 않아요. 다른 사람은 염두에도 두지 않지요."라고 소리를 질렀던 것이다.

하지만 불면의 밤을 보낸 덕분에, 데이너는 정말 오래간만에 일찍 출근을 할 수 있었다. 그녀는 조급한 마음으로 매트에게 이 메일을 보냈다.

'토드가 정말 무슨 일을 꾸미려나 봐요.'

데이너는 화가 난 듯 키보드를 거칠게 두드렸다.

'우리 둘이 힘을 합쳐 토드와 맞서야 해요. 토드는 이 일에서 날 완전히 악당으로 내몰고 싶은 모양인데, 그래도 자기와 친한 사람 말이라면 귀담아 듣겠지요. 이 메일 보자마자 전화주세요.'

메일을 보내고 채 5분도 안 돼서 전화벨이 울렸다.

"데이너, 왜 토드를 건드리려고 하는 거야? 내가 토드와 얘길 해보고 무슨 생각을 하고 있는지 알아볼 테니까 진정하라고."

"그러니까, 그 얘길 토드가 했단 말이죠? 내 그럴 줄 알았어.

아마 잔한테도 고자질했을 거야. 이곳에서 무슨 음모가 벌어지고 있다는 의심이 들기 시작하네."

"데이너, 소설 쓰지 마. 점심시간 끝나고서 우리 셋이 얘기할 수 있도록 미팅을 주선할게. 그때까지 제발 성질 좀 죽이고 있으라고."

"그럼, 시간을 한시 삼십분으로 해주세요. 두시에는 그 기자를 만나야 하니까. 타이밍 딱 좋네."

오후에 미팅을 갖자는 매트의 제안을 받아들인 토드는 새로운 제품 포장 디자인을 준비하고서 두 사람을 기다렸다. 토드는 아주 명랑한 태도로 두 사람을 맞았다.

"그러니까, 두 분이 절 잡으러 오신 건가요? 저도 보여드릴 게 아주 많은데."

"토드, 그건 간부 회의를 위해 아껴두세요."

데이너가 매몰차게 대꾸하자, 매트가 토드의 편을 들며 데이너에게 말했다.

"데이너, 잠깐만 진정하고 있어봐. 토드가 지금 추진하고 있는 새로운 계획들을 내게 알려주었는데, 내 생각에 회사가 나아갈 방향에 대한 깊은 생각이 담겨 있는 것 같아."

"그러니까 매트 당신도 그 계획에 끼었단 말이죠? 내가 왜 그

걸 몰랐을까? 그럼 당연히 잔도 한 팀이겠네? 됐어요. 대답 안 해도·돼요. 내가 직접 물어볼 거니까. 내일 있을 간부 회의는 아주 웃음바다가 되겠군요."

"데이너, 너무 예민한 거 아냐? 요즘 왜 그렇게 자신감이 없어? 도대체 뭐가 그렇게 두렵지?"

매트가 데이너에게 물었다.

"난 조롱이나 더 받으면 되겠죠."

데이너는 이렇게 대꾸하다가, 만족스런 얼굴로 빙긋 웃고 있는 토드를 보며 한마디 했다.

"뭐가 그렇게 좋아서 웃고 계신 거죠?"

"아무것도 아닙니다. 어젯밤에 전화 통화를 하고 나서 제가 보내드린 꽃을 받고 기뻐하실 어머니 얼굴이 떠올라서 그냥……."

"대단한 효자시네."

데이너는 빈정거리듯 내뱉었다.

데이너는 피터를 만나러 가는 길에 여자 화장실에 들러 찬물을 얼굴에 끼얹으며 화를 식혔다. 어젯밤 한숨도 못 잔 탓에 눈 밑에는 짙은 다크 서클이 생겼다. 자신이 폭삭 늙어버렸다는 느낌이 들었다.

데이너가 자신의 사무실에 들어섰을 때, 니키와 피터는 농담을 주고받으며 웃고 있었다. 데이너를 보자 니키가 손님용 의자에서 일어서며 반갑게 인사했다.

"아, 오셨군요. 회의에 들어가신 사이에 피터 씨가 오셔서, 제가 밑에 내려가 모시고 왔어요."

"이번에도 일찍 오셨네요, 피터 씨."

"네. 사실 제가 예정일보다 두 달이나 일찍 태어났거든요. 그 이후로 줄곧 이렇게 어딜 가든 일찍 도착한답니다. 니키가 당신 칭찬을 참 많이 했고, 또 벌에 대한 얘기도 제가 알고 싶은 것보다 훨씬 많이 들려주었습니다."

데이너가 의자에 앉으며 말했다.

"아, 나에 대해 좋은 말을 해주는 누군가가 있다니 정말 기쁘네요. 니키는 인간의 본성에 대해 참 많은 걸 알고 있어요. 매트와 전, 니키가 나이에 비해 굉장히 현명하다고 생각하고 있어요."

그러자 니키가 얼굴을 붉혔다.

"과찬이세요. 그저 자기계발 류의 책을 즐겨 읽어서, 책에서 읽은 내용들을 생각나는 대로 말씀드리는 것뿐이에요."

"니키, 그럼 여기 앉아서 우리의 '인터뷰'를 들어보는 게 어떻겠어요? 데이너 씨만 괜찮다면 말이죠. 어때요, 괜찮겠죠?"

피터의 제안에 데이너가 고개를 끄덕이며 맞장구를 쳤다.

"제 마음을 읽으셨나 봐요, 피터 씨. 니키는 생각이 아주 신선하고 기발해요. 지금 제 기분에 필요한 것도 바로 그런 거죠."

니키가 다소 걱정스런 표정을 지으며 데이너에게 물었다.

"무슨 안 좋은 일이라도 있나요?"

"그냥, 회사가 힘든 시기를 겪고 있다고 생각하는데, 이럴 때 기자에게 긍정적인 견해를 밝힌다는 게 어째 좀 이상하다는 느낌이 들어서. 우리 고객들이 그런 기사를 읽어야 하는 건지 확신이 서지 않네."

"데이너 씨, 어떤 동료분도 그와 똑같은 말을 했어요. 제가 이곳에 온 이유는 단순히 기업의 이야기를 하거나 어떤 견해를 밝히는 글을 쓰기 위해서가 아닙니다. 제가 관심을 갖는 것은 '팩트', 사실입니다. 저의 독자들도 자신들이 알고 있고 존경하는 기업이 스스로를 재창조하는 방식을 배운다면 많은 도움을 얻게 될 것입니다. 요즘 많은 기업들이 재창조를 위해 노력하고 있으니까요."

"재창조도 좋지만, 기업의 가치를 완전히 부정해서는 안 돼죠. 우리 모회사가 새로운 제품으로 성장을 이루고자 한다면, 좋아요. 그런 거라면 저도 이해하고 동참할 수 있어요. 하지만 새로 고용된 사람들 중엔, 물론 니키를 말하는 건 아니고요, 몇몇은 사람들이 우리에 대해 존경을 표하는 것들을 헌신짝처럼 버리고, 또 사람들마저도 버리려고 혈안이 되어 있어요."

데이너는 잠깐 창밖을 내다보며 다음에 할 말을 곰곰이 생각하다가 피터의 눈을 똑바로 쳐다보면서 입을 열었다.

"바로 어제 제가 한 다리 건너서 들은 얘긴데, 제가 동의할 수 없는 계획이 진행 중이라고 하더군요. 글쎄, 회사를 다른 주로 옮긴다네요!"

순간 니키가 몸을 움찔하며 소리쳤다.

"아, 데이너! 그 이야기는!"

"와! 그거 참 대단한 뉴스인데요! 비내추럴은 이 주에선 상당히 큰 고용주인데……, 이건 보도를 해야겠어요."

데이너가 피터를 부추기듯이 말했다.

"당연히 그러셔야지요. 어쩌면 그 기사로 우리 새 오너들에게 일종의 메시지를 전달할 수 있을 거예요. 그럼 그로 인한 손실을 만회하기 위해 땀 좀 흘리겠네요. 홍보팀들도 벌 얘기만 하면서 노닥거리지 않고, 오래간만에 일다운 일을 좀 하게 될 것 같네요.”

'아이고, 이런. 모든 기자들의 꿈이라는 '시한폭탄'을 만났군.'

데이너의 말을 들으며 피터는 쾌재를 올렸다.

'아, 어쩌지? 완전히 자제력을 잃어버렸어. 우리 모두 데이너를 도와줘야 해.'

니키는 발을 동동 구르고 싶은 심정이었다.

우리가 진정 원하는 것

데이너,
일 퍼센트의 가능성으로 회생하다!

SCENE 18

데이너는 회사 밖으로 나와 집으로 가기 위해 차의 시동을 켰다. 연식이 오래된 차의 엔진 소리가 유난스러웠다.

'꼭 젖먹이 아이의 투정 소리 같네.'

데이너는 주차장을 가로질러 회사를 빠져나왔다. 데이너의 복잡한 머리를 비집고 피터에게 폭탄을 터트린 직후 니키의 새하얗게 질린 얼굴이 불쑥 튀어나왔다.

'내가 무슨 짓을 한 걸까?'

'데이너, 회사의 방향과 개인의 취향은 다른 법인가 봐요.'

묘한 웃음을 흘리며 피터가 건넸던 말이 떠올랐다. 데이너는 차의 속력을 높이며 2번 도로를 질주했다. 엔진 소리가 데이너의 머릿속에 윙윙거리며 날카롭게 박혔다. 데이너의 심장 박동이 과열되기 시작했다. 그녀는 자신도 모르는 사이 집과 반대 방향으로 향하고 있었다.

'데이너! 너 지금 어디로 가고 있는 거야?'

데이너는 자기에게 달려드는 생각들을 떨쳐버리기 위해 머리를 흔들어댔다. 노란 컨버터블 차가 빵빵거리며 그녀의 차를 휙 지나갔다. 순간 차가 중심을 잃고 핸들이 꺾였다.

‘그야말로 방향을 잃은 분노의 질주네, 생각을 좀 털어내야겠어.’

데이너는 차를 가로변에 세워서 라디오 주파수를 맞추었다.

“지금 들으실 곡은 건즈 앤 로지스의 〈유어 크레이지You’re Crazy〉입니다!”

당신은 지금 제정신이 아니야.
정말 아니지, 당신 자신도 미친 걸 아는지.
당신은 미친 거야.

‘이건 또 뭐야?’

데이너는 거친 동작으로 라디오를 확 꺼버리고 음반을 찾기 시작했다. 덜그럭덜그럭 물건들을 뒤지다가 테이프 하나가 툭 떨어졌다.

‘나의 영웅 데이너에게?’

테이프의 제목을 읽다가 데이너는 먼지를 훅 털어버리고 테이프를 넣어 노래를 들었다.

‘케니 씨가 쌍팔년도적 나와 함께 부른 노래군! 해마다 회사에서 열린 꿀벌 페스티벌에서 그의 활약이 대단했는데. 그때 벌꿀

을 온몸에 뒤집어쓰고 정말 웃겼지.'

노래를 듣다가 그녀는 노래를 따라 불렀다. 그때의 장면들이 떠오르자 자신도 모르게 웃음이 나왔다.

당신은 나의 허니.
나에게 다가와 키스해주세요.

'그날 케니 씨와 매트를 한 방 먹였을 때 어찌나 통쾌하던지!' 깔깔깔 웃던 데이너는 문득 비참한 기분이 들었다.

'지금 나는 어디에 있는 걸까? 그래. 20년이면 긴 세월이야. 반짝이며 빛나던 것이 언제나 영원할 순 없잖아! 이미 난 변화에 적응하기에는 낡은 스크랩북에 지나지 않아!'

웃음을 거둔 데이너의 가슴 한쪽이 욱신거렸다.

데이너가 회사에 도착해 사무실에 들어가자 잔의 호출 메시지가 떴다.

'출근하는 대로 내 방으로 오세요.'

'잔도 이 사태를 알아버린 모양이군.'

벌집 모양의 방문을 들어가려던 데이너에게 잔의 높은 언성이 들렸다.

"스티브, 내 일이 바쁘다고 아픈 딸을 모른 척할 만큼 사악한 엄마로 보이던가요? 충분히 잘 해내고 있으니깐 그런 걱정은 하지 마세요!"

언성을 높이며 전화를 하던 잔이 문 앞에서 어정쩡하게 서 있는 데이너를 발견하고 눈꼬리가 매섭게 올라갔다.

'뭐야? 신은 이런 순간까지 날 외면하는구나. 그래, 이왕 무너진 거 화끈하게 당해보자구!'

서둘러 전화를 끊은 잔은 데이너에게 들어오라는 눈짓을 했다. 성난 교황은 언제 그랬냐는 듯이 자리를 착석하고 냉정한 모습으로 돌아왔다.

'역시 달리 교황이 아니야. 저 정도 내공이면 콘클라베(교황을

뽑기 위한 회의)에서 만장일치 기립박수를 받았을 거야.'

"피터에게 이야기 들었어요. 데이너."

담담한 어조로 데이너의 눈을 직시하는 잔의 눈동자는 흔들림이 없었다.

"네, 잔도 이미 들었군요. 잠시 이성을 잃은 것 같아요. 지금은 빙의가 씌었다고 믿고 싶을 정도예요."

"육체이탈을 했더라도 분명 데이너의 입을 통해 나온 것은 틀림없지요."

"네. 변명의 여지도 없고 회사에 큰 타격을 입게 될 만한 행동을 한 것도 알고 있어요. 이번 일을 통해 제가 비내추럴의 운명을 함께 하는 것이 과연 맞는 일일까에 대해서 깊이 생각했습니다."

"그게 무슨 뜻이죠?"

"과거의 유능한 직원이 현재도 유능한가. 어쩌면 그 질문만은 피해가고 싶었어요. 자신이 없었거든요. 하지만 현실은 냉정한 거고 어제의 일이 결정타였어요. 피터와의 일에 대해 책임질 사람이 필요하다고 생각합니다."

잔은 데이너의 말에 생각이 잠긴 듯 온 얼굴이 미세한 연주를 하고 있는 것처럼 파르르 떨렸다. 그녀가 짧은 침묵 후에 드디어 운을 뗐다.

"데이너, 난 못 들은 걸로 하겠습니다."

"잔, 비내추럴에 오래 있었다고 해서 관대하지 않아도 돼요."

"피터와 이미 이야기를 했어요. 피터가 날 찾아왔더군요. 피터의 요구 사항을 들어주고 이 안은 확정될 때까지 기사는 보류하기로 했어요. 데이너를 위한 것이 아니라 회사를 위한 결정이에요. 나는 회사의 리더예요. 문제가 생겼을 때 문제의 소재를 찾기보다는 해결점을 찾는 것이 바로 리더이구요. 지금 비내추럴은 아직까지는 데이너 당신이 필요해요."

"나한테 화가 많이 났을 텐데요."

"개인적인 감정으로 회사의 일을 그르칠 수는 없죠. 난 내가 책임지고 있는 가족, 나를 바라보고 있는 직원들이 있어요. 그런 사고까지도 통제해야 되는 게 내 역할이에요."

"당신은 어떻게 그렇게 이성적이지요?"

"글쎄요. 책임감이 날 그렇게 만드는 걸까요?"

잔은 창밖을 한 번 쳐다보더니 말을 이었다.

"문제가 생겼을 때, 해결하기 위한 노력보다는 상황만을 탓하고 회피한다면 과연 그것이 누구를 위한 일일까요?"

잔이 깊은 눈으로 데이너를 응시했다.

오후에 예정된 회의안을 점검하기 위해 펜을 들었지만 데이너의 필기장은 한 페이지도 채워지지 않고 있었다. 한동안 그녀는 지난밤 집에서 니키와 했던 전화 통화를 머리에 떠올리고 있었다.

"니키, 내가 너무 흥분해서 경솔한 행동을 한 것 같아. 그냥 의사결정 과정에서 내가 자꾸 소외된다는 생각에 속이 상했던 것 같아. 정말 여러 번 작아진 나를 깨달은 날이지. 그리고 많은 것을 생각하게 해준 날이기도 해."

"데이너를 불안하게 만드는 것이 무엇인지, 스스로에게 그런 질문을 해보신 적이 있나요?"

"물론 해봤지. 하지만 아직은 그 질문에 대한 답을 감당할 준비가 되어 있지 않아."

"스트레스나 불안의 주된 원인은, 자기 삶을 제어할 수 없다는 생각에서부터 나온다는 것을 알고 계세요?"

"아마 내가 다른 사업 쪽에서는 일을 잘 할 수 없을 거라 걱정하고 있는 것 같아. 게다가 이 나이에 모회사에서 요구하는 일을 감당할 만한 에너지가 내게 남아 있는지 확신할 수도 없고. 무엇보다도, 모든 일이 잘 될 거란 확신이 없다는 게 가장 큰 문제겠지. 모든 상황이 정반대 방향을 향하고 있는 것도 사실이고. 내가 너무 바보 같은가?”

“충분히 이해할 수 있어요. 제가 무슨 현자는 아니지만, 아무리 능력 있는 사람이라도 뭔가 새로운 것을 배울 땐 항상 긴장하고 위기감을 느낀다고 하잖아요. 저의 엄마는 항상 이렇게 말씀하시곤 하지요. ‘생각을 일 퍼센트만 바꾸어도 인생이 달라진다.’ 제가 하는 진부한 말에 질리실지도 모르지만, 전 그 말만은 정말 진리라고 믿고 있어요.”

“어머니께서 무슨 뜻으로 하신 말씀이라고 생각해?”

데이너는 정말로 흥미를 느껴서 물었다.

“그러니까, 우리는 사고를 활용해서 정보를 처리하잖아요. 제가 심리학자는 아니지만, 이런 것 같아요. 우리에게 일어나는 어떤 일에 대해서 긍정적인 영향을 줄 수 있는 가능성들을 조금씩 늘려가는 거예요. 처음부터 확 바뀔 수는 없지만 일 퍼센트씩 가능성을 높여가면 점차 우리의 사고 패턴도 달라지는 거고, 결국 그에 따라 우리의 반응이 결정되는 거지요.”

“니키는 아직 인생의 역경이란 걸 겪어보지 않아서 그런 말을 쉽게 할 수 있는 거야. 경험한 대로 생각하니까 그런 거지.”

말은 이렇게 했지만 데이너의 목소리에는 자신감이 없었다.

"제 생각은 달라요. 오히려 그 반대라고 생각해요. 저는, 우리가 알고 있는 것보다 훨씬 더 많은 것을 우리의 사고가 통제한다고 믿어요. 저는, 제 생각의 포로가 되기보다는 친구가 될 거예요. 우린 매일 우리 머릿속에 넣고 재생할 테이프를 선택하지요. 반복된 일상 속에 자신도 모르게 틀에 박힌 부정적인 테이프를 고를 때가 많아요. 이 모든 것들을 이해하는 데 정말로 많은 도움이 된 책을 제가 내일 드릴게요."

"니키가 한 말은 정말 이치에 맞는 말이긴 한데, 그런 자기계발 책들이란 게 별로 와 닿지도 않고 순전히 허튼소리만 늘어놓는 경우가 대부분이잖아."

"형편없는 책들도 많은 게 사실이에요. 하지만 그 책은 달라요. 그 책을 읽고서 회사와 집에서 일어나는 일에 대해 더 좋은 기분이 드는지 아닌지 체크해보겠다고 약속하세요. 강요하지는 않겠지만, 신에게 맹세코 그 책은 제게 정말 많은 도움이 됐어요."

"알았어. 그렇게 할게. 이젠 아들녀석하고 하던 싸움을 마무리하러 가야겠어. 글쎄, SAT 시험을 보지 않겠다지 뭐야. 팝음악 작곡가가 되겠다나. 저러다 분명 어디 우편물실에서 일하는 사환이나 되고 말 거야."

"아니면 그래미상을 수상할지도 모르잖아요. 시상식에서 에미

넴과 농담을 주고받으면서 말이죠."

'그래미상을 수상할지도 모르잖아요.'란 니키의 말을 떠올리자 데이너의 입가에 웃음이 번졌다. 그런데 그때 지나가던 매트가 사무실로 들어오며 몽상에 빠져 있던 데이너를 현실로 휙 낚아챘다.

"데이너, 옛 애인이라도 떠올리나?"

데이너는 매트의 농담에 '당신'이라고 손짓을 했다.

"얼굴에 홍조가 없는 걸 보니 나는 아니네. 회의 준비에 대해 물어볼 게 있으니까 인트라넷 확인하고 답변 줘."

'생각을 일 퍼센트만 바꾸어도 인생이 달라진다.'

매트가 나간 뒤 데이너는 필기장에 이 말을 적으며 앞으로도 이 말을 수없이 써야 할 것 같다는 생각을 했다.

간부 회의가 한창 진행되고 있었지만 재무 책임자가 스키 사고로 병가중인 관계로 불참했기 때문에 회의에는 잔과 매트, 데이너만 참석했다. 당연히 참석할 거라 예상했던 토드의 모습은 보이지 않은 채로 매트가 준비한 포커스 그룹에 대한 보고는 거의 다 끝나가고 있었다. 그때 토드가 커다란 종이상자를 들고서 회의실로 들어오자 잔이 반갑게 토드를 맞았다.

"때마침 잘 오셨네요."

잔은 회의 탁자의 한쪽에 자리를 내주며 토드에게 말했다.

"이제 시간이 몇 분밖에 남지 않았지만, 월요일에 있을 이사회 총회에서 토드가 할 프레젠테이션을 미리 볼 수 있는 기회를 여러분 모두에게 주고 싶습니다. 토드는 정말 짧은 시간 안에 많은 일을 해냈답니다."

토드가 종이상자를 열고서 모든 신제품 라인 샘플을 회의 탁자 위에 꺼내놓기 시작하자, 데이너와 매트는 놀라움에 입을 다물지 못했다. 벌꿀로 만든 입술 크림, 라놀린과 라벤더, 벌꿀을 섞어 만든 보습용 크림, 벌꿀과 올리브 오일을 섞어 만든 핸드크림, 벌꿀과 정향을 섞은 크림색 발 마사지용 로션, 탕헤르 껍질과 벌꿀로 만든 얼굴 각질 제거제, 심지어 라임과 벌꿀로 만든 큐티클 크림까지 있었다. 방 안엔 금세 은은한 향기가 퍼지기 시작했다.

"이것들은 우리가 생산해야 된다고 제가 제안할 제품들 중 단지 일부일 뿐입니다. 나중엔 베이비 제품과 애완동물 제품까지 갖추게 될 텐데, 전부 다 구십구 퍼센트 천연물질로 만드는 자연친화적 제품들입니다. 시제품 생산을 마쳤고, 지금은 소비자제품위원회와 FDA의 승인을 위해 테스트를 하고 있는 단계입니다. 제품 생산의 대부분은 아웃소싱이 가능하며, 내년 봄 뉴욕에서 열리는 선물용품 전시회에 맞춰 전 제품을 라인업 할 수 있을 것입니다."

"토드 이렇게 빨리 일을 해내다니, 정말 믿을 수가 없군요. 포장도 훌륭해요. 월요일 이사회에서 공식적인 허락을 받아야 하겠지만, 나는 이 프로젝트의 결과에 백 퍼센트 만족해요. 다른 분들의 생각은 어떤가요?"

잔이 말했다. 데이너는 눈앞에 있는 토드의 성과에 한동안 입밖으로 말이 나오지 않았다. 그녀는 회의 탁자로 손을 뻗어 탕헤르 얼굴 각질 제거제를 집으며 말했다.

"이 제품은 정말 향기가 환상적이네요. 먹고 싶을 정도예요. 아무도 모르게 이 일을 해냈다는 게 정말 믿기지 않네요. 뭐라 말을 해야 할지 모르겠어요."

데이너의 말에 잔이 대답했다.

"나는 이 일이 비밀리에 진행되길 원했어요. 개인 미용용품 시장은 경쟁이 무척 치열합니다. 그래서 가능하면 이사회에서 발표될 때까지 더욱 완벽을 기하고 싶었던 거지요. 매트, 어떻게 생각해요?"

"잔, 저도 백 퍼센트 만족합니다. 이제 우리 영업부 직원들도 어깨를 펴겠는데요. 지금까지 보다 다양한 제품 라인을 원하고 있었거든요. 실제 생산까지 수월하게 일이 진행되었으면 좋겠습니다. 고객들을 실망시키고 싶지는 않으니까요. 그리고 포커스 그룹 모임에서도 이 제품들에 대해 논의했으면 합니다. 전 정말 눈이 휘둥그레졌어요. 물론 좋은 쪽으로 말이지요."

"바로 그거예요. 우린 이 모든 것을 우리 고객에게 전달하는 방식에 있어 신중을 기해야 합니다. 물론 그게 제 일의 일부가 되겠지요. 또한 우리의 핵심 사업인 양초 분야도 소홀히 해서는 안 된다고 생각합니다. 그럭저럭 굴러가고 있으니까요."

데이너의 문제 제기에 토드가 말했다.

"그 문제는 지난번에 제가 말씀드렸죠. 그런데 제가 얘기를 나누었던 고객들은 이 회사를 절대적으로 사랑합니다. 우리가 이

제품을 성공적으로 출시한다면, 그들은 우리가 그들을 위해 더 많은 것을 해준다는 사실에 감동할 거라 확신합니다.”

'토드가 제품 세팅까지 고민해보았을까?'

데이너는 일 퍼센트 가능성을 높이며 스치는 궁금증을 바로 토드에게 물어보았다.

“토드, 포장은 어떤가요? 백 퍼센트 재활용이 가능해야 하는데. 우리 고객들이 최소한 그 정도는 기대할 텐데요.”

“그 점도 반영했습니다. 라벨에 두 가지 잉크를 사용하도록 디자인했는데, 콩기름을 활용해서 자연 분해 되도록 만들었습니다.”

'오호! 토드! 제법인걸! 그럼 일 퍼센트 더! 내 생각도 제안해봐야겠어!'

“그럼 마지막 한 가지 제가 바라는 건 샘플의 사이즈예요. 제품들을 여행용 케이스에 패키지로 넣어서 소비자들이 다양한 제품 샘플을 사용해볼 수 있도록 하면 좋겠는데요. 먼저 우리의 주요 고객들에게 보내서 반응을 체크해보면 어떻겠어요?”

데이너의 제안에 잔이 감탄을 하며 말했다.

“데이너, 그거 참 기발한 아이디어네요. 오늘 회의에서 여러분이 보여준 열의와 이 새로운 방향에 대한 적극적인 호응이 정말 만족스럽습니다. 너무도 짧은 시간 안에 많은 일을 해냈다고 생각합니다. 이사회를 설득하는 것도 쉽겠어요. 그들도 투자를 허락할 수밖에 없을 겁니다."

'토드가 일을 정말 제대로 잘 했는걸. 이 계획은 회사에 활력을 불어넣을 거야. 많은 사람들이 토드의 발표를 봤으면 좋았을 텐데.'

데이너는 회의를 마치면서 토드에 대한 생각이 바뀐 걸 깨닫고 스스로 놀라웠다.

'니키의 일 퍼센트 철학 때문인 거야? 그동안 몰랐던 토드의 숨겨진 열정 인생 때문인 거야? 아무렴 어때? 꽤 괜찮은 기분인걸!'

데이너가 흡족한 미소를 짓고 회의실을 나오다가 문득 든 생각에 몸서리를 쳤다.

'그나저나 에미넴은 몸에 너무 구멍이 많아!'

니키는 데이너의 기분이 고무되어 있다는 것을 금방 알아챘다. 데이너는 기분이 좋아 휘파람까지 불고 있었다.

"회의가 아주 잘 되었나 봐요."

니키는 이런 모습은 처음 보는 것이었기 때문에 조금은 조심스럽게 데이너의 마음을 떠보았다.

"정말 멋진 회의였어. 잔이 내게 칭찬까지 해줬다니까. 마음을 열기 위해 애를 썼는데, 그게 효과가 있었어."

"아, 정말요? 그러니까 생각을 바꾸셨다는 말이죠? 그것도 하룻밤 사이에? 정말 빠른데요."

"어쩌면 이제껏 내 개인적인 문제를 이곳까지 가져왔었던 건지도 몰라. 그렇긴 해도, 난 사람들이 새로운 일에 대해 의사 전달을 나에게 잘 해주었으면 좋겠어. 결국 그게 쌓여서 불만의 원인이 되었던 것 같아. 날 문제의 발단으로 보는 게 아니라 해결의 일부로 인정해주는 것."

"의사 전달을 잘 못하는 사람들도 많은 거 같아요. 의도는 그런 게 아닌데 말이죠. 아무튼 시도를 해보셨다니 정말 기뻐요."

"첫 번째 시도치고는 괜찮았어. 이제는 신뢰의 문제에 조금 더 신경을 써야 할 것 같아. 그런 다음 이런 변화들이 내 삶을 어떻게 발전시키는지 보고 싶어. 어쨌든 전반적으로 우리가 나아가는 방향에 대해서는 느낌이 좋아. 오래간만에 처음으로. 니키는 정말 대단한 사람인 것 같아. 특히 젊은 사람치고는. 니키가 이 회사를 경영해도 괜찮을 것 같은데."

데이너는 그 가능성을 생각하며 웃음을 터뜨렸다.

"제가 이야기를 하나 해드릴게요. 조금 긴 얘기지만 배울 점이 있어요. 한번 들어보세요."

"그래! 이야기 듣는 거 정말 좋아!"

데이너는 마치 소녀처럼 즐거워하며 귀를 기울였다.

"제가 인턴사원으로 일할 때 모시던 분이 있었는데, 그분은 기계나 기술 쪽으로는 완전히 젬병이었어요. 이름이 그렉이었는데, 성격은 참 좋은 분이셨죠. 하지만 노트북 컴퓨터나 휴대전화기, 팩스, 심지어 복사기까지, 무슨 문제만 생기면 절 불러 도와달라고 했지요. 하루에도 몇 번씩 그러니까 참 짜증이 났지만, 전 그것도 제 일의 일부라고 생각했어요."

"웃긴다. 나도 '기계치'인데. 우리 남편은 컴퓨터 엔지니어인데 말이야. 남 얘기 같지 않은데!"

"그런데 어느 날, 회사에서 이메일 소프트웨어를 바꾼다는 발표가 있었어요. 일의 효율을 높이기 위해 회의 계획 프로그램까지 딸린 소프트웨어로 교체한다는 거였지요. 그렉은 그 일을 두고 일주일씩이나 화를 냈어요. 그 소프트웨어를 설치한 후에도 활용 교육에 참석하길 거부했고요. 그러고선 저에게 이것저것 사소한 것까지 물어보는 통에 제 생활은 아주 엉망이 되었지요. 하루는 재무부서에 있는 그렉의 친구가 사장님으로부터 온 기밀 메시지를 첨부해서 그에게 이메일을 보냈는데, 그렉은 첨부파일을 클릭해서 읽어보고는 짜증을 냈어요. 내용이 맘에 들지 않았던 거예요. 그래서 짧지만, 험한 말로 답장을 써서 그만 '보내기'를 눌러버렸던 거예요. 그의 답장은 곧바로 사장님의 메일함으로 보내졌어요."

"아이고 저런! 대체 얼마나 험한 말을 썼대? 나도 그런 적이 있는데. 그래서 그 사람은 해고됐나?"

"그 내용이 심각했어요. 직접적으로 사장님을 거짓말쟁이라고 말한 건 아니지만, 믿을 수 없는 사장이라는 의미의 말을 썼나 봐요."

"아, 계속해봐. 정말 어떤 일이 벌어졌을지 궁금해 죽겠는걸."

"그러니까, 그렉은 미친 사람처럼 절 부르더니 그 메일을 취소할 수 없냐고 묻더군요. 물론 제 힘으로는 불가능했지요. 그래서 전산실에 전화를 걸어 도와달라고 부탁했어요. 그런데 그쪽 사람이 말하길, '안타깝습니다. 그 메일은 벌써 사장님의 메일함에 전달되었습니다.' 그러더군요. 최악의 상황을 예감한 그렉은 재무부서의 친구에게 전화를 걸어 작별인사를 한 다음 사무실에서 짐을 꾸리기 시작했어요. 그로부터 두 시간이나 지나서야 사장님에게서 메시지가 왔는데, 그렉은 저를 불러서 그 메시지를 대신 읽어달라고 하더군요. 차마 자기가 직접 읽을 용기가 나지 않았던 모양이에요. 진짜 해고를 각오한 것 같더라고요."

"그래서?"

"그 메시지엔 이렇게 써 있었어요. '안녕, 그렉. 이 메일을 내게 보낼 의도는 없었던 걸로 보이는데, 새로 설치한 이메일 소프트웨어가 생각보다 신통치 않나봐? 회사에서 좀더 많은 교육을 해줄 필요가 있으면 언제든 말을 하게!'"

"정말 멋지네. 그 사장님 이름하고 주소 좀 알려줘봐. 나도 그 사람 밑에 가서 일해보게."

"정말 멋지죠? 그렉은 '전반적으로 교육을 더 원하는 사람들이 있는 것 같다, 자신이 직접 나서서 교육을 필요로 하는 사람들이 얼마나 되는지 알아보겠다.' 하고 사장님께 말했죠. 제가 그 회사를 그만둔 후에 그렉은 교육 책임자가 되었고, 지난주에 만났을 때 정말 그 일이 즐겁다고 말하더군요. 그게 다 회사에서 이메일 소프트웨어를 바꿨기 때문에 가능했던 일이지요."

"진짜 멋진 이야기인데. 그러니까 위기 속에 기회가 온다는 사실을 내게 알려주려는 거지?"

"글쎄요, 뭐 간단히 말하자면 그렇지요. 하지만 제 예상으로는 선배님도 그렇게 될 거예요."

니키는 그렇게 말하며 자신의 가방에서 책을 한 권 꺼냈다. 밝은 노랑 표지에, 손때가 묻은 책이었다.

"제가 어젯밤에 전화로 말씀드렸던 책이 바로 이거예요. 세상에서 가장 친한 친구가 선물한 건데, 이건 제가 갖고 다니면서 보던 거라 많이 낡았어요. 침대 머리맡에도 한 권 놓고서 거의 매일밤 읽고 있어요. 자, 이 책을 드릴게요. 이제 이 책을 읽을 마음의 준비가 되신 것 같네요."

행복이 주는 활력
데이너를 변화시키는
작지만 위대한 지혜!

SCENE 23

일찍 출근함으로써 데이너가 얻게 된 뜻밖의 소득 하나가 있었다. 바로 주차공간이 널려 있다는 것이었다. 지난밤에도 데이너는 잠을 별로 자지 못했는데, 이번엔 스스로 자초한 것이었다. 데이너는 니키가 빌려준 책의 첫 페이지를 넘기자마자 책 속으로 빠져들었다. 그래서 새벽 두시가 넘어서까지 읽다가 잠자리에 들었다. 니키의 말이 맞았다. 데이너는 그 책을 소화할 준비가 되어 있었다.

그 책의 주제는 '생각을 일 퍼센트만 바꾸어도 인생이 달라진다'보다는 훨씬 더 복잡한 것이었다. 인지적 행동접근법을 근거로 이해하기 쉽고 조리 있게 쓴 사고와 행동 지침서였다. 데이너는 잠자리에 들 때까지 서너 개의 '자가진단'을 마쳤고, 특히 마음에 들거나 공감하는 부분을 발견하면 나중에 다시 볼 요량으로 페이지의 귀퉁이를 접어놓기까지 했다. 저자는 의사였는데, 부드러운 문체로, 도덕적 잣대를 배제하며 글을 썼다. 데이너는 점심시간에 읽을 생각으로 책을 들고 출근했다.

'어쩌면 이 책이 가족 상담치료에도 도움이 될지 몰라.'

차 안에서 백미러를 통해 화장 상태를 확인하고 있는데, 데이너

와 그녀의 아들이 즐겨 듣는 올드 팝 프로그램에서 사이먼 앤 가
펑클의 히트곡이 흘러나왔다. 이번 곡은 데니스 사에서 근무하는
멜리사란 여자에게 동료들이 보내주는 노래였다.

그대 너무 빨리 움직이네요, 좀더 천천히.

이 아침이 계속되도록 만들어야지요.

그냥 조약돌이 깔린 길을 천천히 걸으며,

즐거움을 찾아, 행복한 느낌을 음미하며.

데이너는 정말 오래간만에 자신이 상당히 '행복하다'고 느꼈다.
그녀는 그런 느낌을 한시라도 빨리 니키에게 말해주고 싶었다.

"아! 데이너, 이 꼭두새벽에 웬일이야? 또 불면증에 시달린 건
가?"

매트가 데이너의 사무실을 지나가다가 데이너를 발견하고는
명랑한 목소리로 말을 걸었다.

"아뇨. 그냥 지금 읽고 있는 책에 푹 빠져 있다보니 그렇게 됐
어요. 새벽녘까지 깨어 있었거든요. 니키가 빌려준 책이에요."

그때 마치 '큐' 사인이라도 받은 것처럼 니키가 머리를 들이밀

더니 "좋은 아침이에요!" 하고 인사를 했다. 니키는 사무실에 들어서자마자 뉴잉글랜드의 겨울 속을 자전거로 달리기 위해 꼭 입어야 하는 사이클용 덧옷을 벗기 시작했다. 니키가 자리에 앉자 매트와 데이너가 그녀에게 다가갔다.

"니키, 이런 날씨에도 자전거를 타고 다니나? 니키의 정신력이 정말 놀라운데? 도대체 못 하는 게 뭐야?"

매트가 물어보자 니키는 고개를 흔들며 대답했다.

"저도 단점이 많아요. 남모르는 비밀도 있고요. 믿어주세요."

니키는 목에 두른 폴라폴리스 스카프를 벗으면서 데이너에게 윙크를 보냈다.

"이건 참 따뜻해요. 그래도 뜨거운 코코아 한 잔은 마셔야겠어요. 두 분께도 뭘 좀 갖다 드릴까요?"

"난 속독 지도가 필요한데. 니키가 빌려준 책을 읽느라고 잠도 잘 못 잤거든."

데이너가 농담을 했다.

"빌려준 게 아니라 그냥 드린 거예요. 집에 또 한 권이 있다고 말씀드렸잖아요. 그 책을 선물한 건 이번이 처음은 아니에요. 아무튼 책이 마음에 드셨다는 얘기죠?"

"솔직히 나도 처음엔 미심쩍었어. 그런 자기계발 류의 책들이란 게 대개 너무 낙천적이거나 단순한 얘기를 담고 있다고 생각했거든. 그런데 이 책은 다르더라고. 과학과 의학을 근거로 썼고, 이치에 맞는 내용이 대부분이더군. 처음 두 챕터 정도 읽고 난 후부터 내가 과연 내게 벌어지는 일들을 어떻게 처리하고 있는지 되돌아보게 되더라고. 그리고, 자신을 생각에 가두지 말라고 했던 니키의 말도 떠오르고."

"데이너, 정말 대단해요. 정말 책에 씌어 있는 대로 하려고 노력하시는군요. 그런데 꼭 명심해야 할 것이, 힘든 상황의 한가운데에 들게 되면 그 중 많은 것을 잊기 쉽다는 거예요. 새로운 행동 전략의 효과를 보느냐 그렇지 못하냐는 스트레스를 다룰 때 그 전략을 어떻게 사용하느냐에 달려 있지요."

"나도 그 말에 전적으로 동의해. 출근하면서 생각한 건데, 내일 있을 가족 상담에서 이걸 기억했다가 써볼 참이야."

"가족 상담이 또 있단 말이야?"

매트가 데이너를 책망하듯 소리를 질렀다.

"네. 하지만 이번엔 조퇴를 하지 않아도 되게 시간을 조정했다는 사실을 좀 알아주시길. 이번엔 작곡가가 되겠다고 고집을 부리는 크리스의 진로에 대해 주로 얘길 할 거예요."

니키는 뭔가 알고 있다는 듯 빙그레 미소를 지었다. 니키가 덧

옷을 가방에 넣고 한쪽으로 치우려는 순간 전화벨이 울렸다. 전화를 건 사람의 ID는 회사의 CEO였다.

"아, 잔, 좋은 아침이에요."

"안녕, 니키? 데이너가 출근하면 내게 전화를 좀 해달라고 말해줄 수 있을까?"

"벌써 출근하셨어요. 실은, 바로 제 옆에 서 계세요. 바꿔드릴까요?"

"아니, 그냥 내 사무실로 좀 올라와 달라고 전해줘요. 오 분 정도 시간을 내줬으면 한다고."

"지금 당장 그렇게 전하겠습니다. 아, 그리고 지난번 점심 고마웠습니다. 수고하세요."

데이너는 니키의 컴퓨터 모니터 위를 손가락으로 두드리며 말했다.

"대체 무슨 일이래? 날 바꿔달라고 전화를 하고선 메시지를 남긴다? 화가 잔뜩 나 있는 게 분명해."

그러자 니키가 타이르듯 말했다.

"그렇게 성급하게 결론짓지 마세요. 기분은 상당히 좋은 것 같았어요. 오 분만 시간을 내달라고 그러시네요."

"알아. 내가 잘못 생각한 거겠지. 니키, 핫초콜릿 타올 때 나한테 '반이나 차 있는' 물 한 컵만 갖다 주겠어?"

데이너가 익힌 새로운 낙천주의를 듣자, 매트와 니키가 웃었다.

"나도 그 책 한번 읽어봐야겠는걸. 벌써 데이너에게 도움이 많이 된 것 같아."

매트가 말하자 데이너가 손사래를 치며 놀렸다.

"니키, 매트한테는 알려주지 마. 남자들은 여자들만큼 행복해져서는 안 돼."

"데이너, 그럼 공정하지 않지! 그리고 상황이 바뀔 수도 있다는 걸 아셔야지."

"말이야 쉽죠. 전 이만 잔과의 미팅이 있어서요. 그럼 갔다 올게요."

잔의 비서가 아직 출근을 하지 않았기 때문에 데이너는 곧장 사장실로 걸어 들어갔다.

'생각을 일 퍼센트만 바꾸어도 인생이 달라진다.'

"좋은 아침이에요, 잔. 절 보자고 하셨다면서요? 무슨 일이죠?"

"데이너, 정말 고마웠어요. 어제 간부 회의에서 내가 얼마나 데이너에게 감동했는지 말해주고 싶었어요. 질문도 훌륭했고, 게다가 좋은 아이디어까지!"

잔의 말에 데이너가 얼굴을 붉히며 대꾸했다.

"그렇게 말씀하시니 정말 기분이 좋네요. 피터와의 만남에서 냉정을 잃었던 점 다시 한 번 죄송하게 생각해요. 회사를 다른 곳으로 옮긴다는 말을 들었는데, 그 애길 듣자 제 의견과 상관없이 모든 것이 결정된다는 걱정이 들었어요. 지난번 점심시간에 제 부서의 신입사원을 만나보셨죠? 솔직히 말씀드리자면, 그녀로 인해 저도 신입사원의 눈으로 상황을 보게 되었고, 저의 생각에도 커다란 영향을 미쳤습니다. 그녀가 어제 제게 묻더군요. 이곳에서 벌어지는 모든 변화에 대해 제가 어떤 두려움을 갖고 있나고요. 전 그 질문을 스스로에게 묻고 깨달았어요. 어쩌면 제가 이곳에서 잘 해낼 수 있을 것 같지 않다는 두려움을 갖고 있다는 것을. 그리고 당신에게, 경영진에게, 또 새로운 오너들에게도 그 두려움을 드러내게 될 거라 걱정했던 거지요. 누구든 어느 정도의 두려움은 갖고 있으며, 일이 잘 되느냐 못 되느냐를 결정하는 것은 바로 그 사람이 자신의 두려움을 어떻게 다루느냐에 달려 있다고."

"나도 니키와 같은 생각이에요. 나 역시 살면서 나 자신이 '가짜' 같다는 생각을 한 적이 있었어요. 누구나 한 번쯤은 그런 생각을 하잖아요. 그로 인해 우리는 새로운 도전을 해봄으로써 한 단계 발전하는 거고요. 사실 나도 니키를 보고 깊은 인상을 받았어요. 요즘 그런 젊은이를 보기 힘든데, 니키는 정말 정신적으로 성숙해 있더군요. 부하 직원을 그만큼 신뢰하는 데이너 역시 대단한 것 같아요. 아무나 그럴 수 있는 게 아니죠. 권위주의적으로 생각하면 하찮게 여길 수도 있잖아요."

"니키로 인해 저도 새로운 시각을 얻게 되었어요."

"데이너, 회사의 이전과 관련된 소문이 있다는 사실을 인정해야겠네요. 아직 확실하게 결정된 게 아니기 때문에 데이너에게 아무 말도 하지 않았던 거예요. 하지만 그 문제는 아마 월요일에 있을 이사회 총회에서 언급될 거예요. 데이너에게 상당히 중요한 문제라는 것도 알고, 왜 중요한지도 알고 있어요. 다시 한 번 말하지만, 아직은 가능성일 뿐이에요. 전혀 결정된 게 없어요. 그러니 당분간은 우리끼리만 알고 있도록 해요."

"알려주시니 고맙습니다. 언제든 공식적으로 얘길 듣는 게 낫지요. 만일 그런 일이 벌어지면 어떤 대안을 제시해야 할지 생각해둬야겠네요. 이 회사의 성공을 바라는 제 마음은 확고하다는 걸 말씀드리고 싶어요. 그렇지 않은 쪽으로 생각하도록 만드는 어떤 말을 제가 했거나 또는 그런 식으로 행동했다면, 그건 저의 두려움에서 나온 거예요. 사과드립니다. 제가 지금 이런 말을 하고 있다는 사실이 믿어지지 않지만, 그동안 제 위주로만 생각했던 것 같아요. 팀에 대한 믿음을 갖도록 노력하겠고, 팀과 회사가 어디를 향하든 함께 성장할 수 있도록 하겠습니다. 회사에 공헌하는 방법에 대해 조언이 필요하면 언제든 이곳을 찾아올 수 있었으면 좋겠어요."

"데이너, 내 방문은 항상 열려 있어요. 내가 여기에 올라오라고 한 또다른 이유는 월요일에 있을 이사회 총회에서 데이너가 맡은 프레젠테이션을 위해 내가 도울 일이 있나 묻고 싶었기 때문이지요."

"아니, 그럴 필요는 없을 것 같아요. 이미 제 머릿속에 정리가
되어 있고, 남편에게 도움을 요청해보려고요."

"그럼 모든 게 완벽하게 준비될 거라 믿고 있을게요. 필요하면
언제든 전화하세요."

"그럴게요, 잔."

니키 카바나와 그녀의 룸메이트인 바바라 모랄레스는, 밤새 사납게 짖어대며 도시를 뒤흔드는 북동풍의 기세에 놀라 일찌감치 잠을 깼다. 항구 근처에 높이 솟은 그들의 아파트 창문은 시속 72킬로미터의 매서운 한풍으로 연신 덜컹거렸고, 아파트 안으로 스며든 한기는 『가난한 리처드의 달력*Poor Richard's Almanac*(18세기 대표적인 미국 작가인 벤자민 프랭클린이 1735년에 발행한 자기계발서—역주)』에 나오듯 그들이 혹독한 겨울을 나게 될 거란 점을 '뼈 시리게' 상기시켜주고 있었다. 니키는 오늘 자전거를 타고 어딜 가겠다는 생각을 일찌감치 접었다. 니키는 오늘 같은 날엔 자신의 특기인 그라놀라 요리를 해 먹으면 좋겠다는 생각을 했다.

"꿀이 떨어졌다니 믿을 수가 없네. 내가 비내추럴에 근무하는데 꿀이 떨어지다니, 이런 아이러니가 있나?"

니키가 주방에서 꿀을 찾으며 널찍한 거실 반대쪽에서 이메일을 확인하고 있는 바바라에게 소리쳤다. 바바라는 커피를 리필하기 위해 주방으로 다가가며 말했다.

"내가 장담하는데, 분명히 조금은 남아 있을 거야. 스토브 옆에 있는 찬장을 보면 귀리를 담은 커다란 상자가 있을 거야. 그

뒤쪽을 한번 찾아봐."

"아, 그래. 여기 있네. 이런 날씨에 겨우 꿀 한 통 사려고 밖에 나가고 싶지는 않았는데, 잘 됐다."

"그런데 비내추럴은 어때? 지난번 기자와의 미팅 때 너의 상관이 이성을 잃었다는 애길 한 이후론 통 회사 애길 안 해서 궁금하네. 네 애길 들으면 그 여자는 좀 까칠한 것 같던데. 회사가 옮겨 간다는 건에 대해 뭐 더 들은 건 없니? 혹시 그녀가 허풍을 떤 건 아냐?"

"데이너는 나쁜 의도가 있었던 것은 아니야. 그곳에서 일어나는 변화들 때문에 위기감을 느끼고 있었던 것뿐이지. 당연히 그럴 수 있잖아. 그후로 회사 이전 문제에 대해서는 아무 말도 듣지는 못했는데, 그 기자를 만났을 땐 정말 나도 깜짝 놀랐어. 내 생각에 데이너는 정말 좋은 사람인 것 같아. 이번 주에 나와 애길 나눴던 고객들도 그녀를 정말 좋아했어. 회사에서 그녀를 필요로 한다는 건 의심할 바 없는 사실이지. 일주일 동안 데이너와 몇 차례 애길 나눴고, 나한테 도움이 많이 된 책도 한 권 선물했어."

"아, 니키. 넌 참 마음이 참 따뜻한 거 같아. 그런데 가끔은 너무 순진하다는 생각도 들어. 냉장고 자석에 붙은 표어대로 인생을 살 수는 없잖아."

바바라가 베이글 빵을 자르며 말했다.

그러자 니키가 그라놀라를 굽기 위해 오븐에 불을 켜면서 대꾸했다.

"아이고, 그렇게 날 지지해주니 고맙네요. 솔직히, 벌써 그녀의 태도가 달라진 것을 느껴. 뭐랄까. 세상에 여유를 찾은 느낌 말이야."

"니키, 조심해. 사람들은 하루아침에 자신의 본성을 바꾸지는 않는다고. 언제 이빨을 드러낼지 모르니까 조심하라고!"

"속임수? 무슨 속임수? 바바라, 넌 회사 생활을 너무 오래 한 것 같아. 데이너가 나쁜 마음이 있었다기보다는 최근에 사람들을 신뢰하지 못했다는 것이 문제였던 것 같아. 가정에서도 갈등이 있었고. 어떤 일이 결과로 나타나는 방식은 대부분 처음에 그 문제에 어떻게 접근하느냐에 따라 달라진다는 점을 데이너가 알게 됐으면 좋겠어."

"나도 전반적으로는 그 말에 동의해. 하지만 솔직히 지금 우리가 얘기하는 그 여자는 새로 무대에 등장한 신참이 아니잖아, 그렇지? 데이너는 벌써 사십대 중반이라고 하지 않았어?"

"맞아. 하지만 결코 늦지 않았다고 생각해. 내가 계속 그녀를 지지할 테니까. 그리고 나는 데이너에게서 마케팅과 고객 관리에 대해 많은 것을 배우고 있어. 데이너는 정말 그 분야에서만큼은 프로야. 지금은 자신감을 많이 잃었다는 게 문제일 뿐이지. 참, 내일 데이너 집에 가서 월요일에 있을 프레젠테이션 준비를 도와줄까 생각 중이야. 날씨는 안 좋지만, 내가 준 책에서 읽은 것에 대해 적극적으로 도움을 주고 싶어."

"니키, 너 조심해. 역효과가 날 수도 있어. 불똥이 너한테 튈 수도 있다고. 네 의도가 순수하다는 건 알지만, 이런 건 그녀에게 생소한 거야. 정말로 변하고 싶어하더라도 어느 정도는 익숙해질 시간이 필요하다고. 전에 너도 말했잖아. 그녀가 불안해한다고. 그런 불안한 상태에서 새로운 것을 접한다는 것은 두려운 일이야. 그냥 내버려두는 게 나을지도 몰라. 아직 마음의 준비가 안 된 상태에서 뭔가 강요받으면 대개 사람들은 분노를 느끼는 법이니까."

"바바라, 충고 고마워. 하지만 새로 들어간 이 회사가 난 정말 마음에 들어. 그리고 사람들은 데이너를 좋아해. 나도 데이너가 좋고. 그래서 내 모든 걸 쏟고 싶어."

"니키, 넌 그곳에선 새로운 신입사원일 뿐이야. 일개 말단 직원이 얼마나 큰 영향력을 미칠 수 있겠어? 널 무시하는 게 아니라, 얼마나 현실적이냐는 거지."

"좋은 지적이야. 내가 인턴사원으로 근무했던 회사에서 있었던 일이야. 안내 데스크의 직원 하나가 출산 휴가를 떠났어. 사람들은 그녀가 흠잡을 데 없을 만큼 훌륭하다고 생각했고, 떠나는 그녀에게는 그 누구도 그녀 자리를 대신할 수 없다고 말했지. 그런데 막상 그녀가 휴가를 떠나자 다른 사람이 그 자리에 들어왔어. 그것도 임시직원이. 그런데 전에 있던 직원보다 그 임시직원이 훨씬 더 나은 거야. 사람들은 그녀에게 열광하기 시작했지. 그녀는 심지어 회사의 발전을 위한 아이디어도 척척 내곤 했어. 그녀의 아이디어 덕분에 회사는 오랫동안 유지했던 정책들을 변경하기도 했지. 그런 일이 가능한 거야."

"그거야 그렇지만, 메시지를 전달하는 방식에 있어서는 신중해야 해. 안 그러면 사람들이 널 회사의 로봇쯤으로 생각할지도 모르니까."

"그 정도 위험은 감수해야겠지. 그렇지 않으면 어느 곳에서도 변화는 불가능해. 난 그 위험을 감수할 생각이야. 아무튼 메시지를 적절히 전달하라는 네 지적은 꼭 기억할게. 그리고 데이너에게 내 생각을 강요할 마음은 없어. 하지만 정말 난 그녀를 좋아해. 그래서 그녀가 자신의 능력을 최대한 발휘할 수 있으면 좋겠어. 지금 당장 데이너에게 전화를 해야겠어. 너무 이른 시간은 아니지? 그렇지?"

"그녀도 잠을 잘 못 잤을 텐데, 안 될 게 뭐 있겠니? 누가 아니, 지금쯤 애들 볼기짝을 때리고 있을지?"

"짓궂기는! 너한테는 그라놀라 안 줄 거야. 지금 전화해야지."

전화벨이 여러 번 울리고 자동응답으로 넘어가려는 순간에 데이너가 수화기를 들었다.

"크리스, 아까 네 전화를 그냥 끊어버려서 미안해. 하지만 한 시간 후면 가족 상담 받으러 가야 한다는 걸 너도 알잖아. 빨리 집에 와! 어젯밤 우리가 얘기했던 문제를 포함해 대부분 너에 대한 얘기가 오갈 테니까."

"데이너, 미안해요. 저 니키예요. 너무 일찍 전화 드린 게 아닌지 모르겠네요."

"아, 안녕, 니키? 난 아들녀석인 줄 알았어. 오늘 오후에 가족 상담을 받으러 가야 하는데, 친구네서 어제 밤을 샜다면서 집에 올 생각을 안 하네. 회사 일에 지장을 주지 않으려고 일부러 시간까지 다시 조정한 건데, 이 녀석이 가고 싶어하질 않아."

"그럼 다음 주로 미루셔도 되잖아요. 지금 밖의 날씨도 엄청 추워요. 상담치료사가 오늘 나오는지 확인하셨어요?"

"그렇구나. 날씨 때문에 쉴 수도 있겠네. 특히 오늘은 토요일이니까. 전화해봐야겠는걸. 어제 저녁에 또 크리스와 얘길 해야 했어. 그 녀석이 자기 나이를 속이고서 인터넷에서 신용카드를 발급 받았지 뭐야. 남편은 크리스에게 저녁을 굶으라고 했는데, 그건 또 너무 심한 처사잖아. 결국 식구들이 그 일로 한바탕 했어. 크리스는 삐쳐서 친구 집에 가버렸고, 애 아빠와 난 저녁 내내 서로 한마디도 하지 않았어. 우리에게 가족 상담이 필요하다면, 바로 지금이 그때인 것 같아. 대체 아들녀석을 어떻게 해야 할까?"

너무 많은 정보가 한꺼번에 들어온다는 생각이 들긴 했지만, 니키는 차분히 생각하며 말했다.

"아, 그런 일이 있다니. 그런데 크리스가 그 신용카드로 뭘 구입했지요?"

"그게 참 웃겨. 아무것도 안 샀다니까. 그냥 그걸 친구들에게 자랑하고 싶었대. 난 걔가 나이를 속였다는 게 더 화가 나. 하지만 난 아들녀석을 앉혀놓고 혼내기 전에, 잠시 곰곰이 생각을 해봤지. 덕분에 화를 가라앉히고 웃으면서 얘기할 수 있었어. 그런데 신용카드 얘길 남편한테 했더니 예상했던 대로 노발대발하더군. 한바탕 난리가 났지."

"그래서 결과가 어떻게 됐나요?"

"글쎄, 아들녀석이 평소처럼 그렇게 대들지는 않더라고. 평소 같았으면 '엄마 아빠가 신용카드를 만들어주지 않으니까 제가 몰래 만들 수밖에 없었잖아요!' 하면서 대들었을 텐데. 또 남편한테 혼이 날 때 내가 자기편을 들어주었다고 생각해서인지, 전보다 아들과 사이가 좋아졌어. 하지만 아직도 아들녀석은 날 시험하려고 들어. 친구 집에 가서 안 들어오는 걸 봐. 하지만 그 일을 가지고 법석을 떨지는 않을 거야. 나도 이제 교훈을 얻었으니까."

니키는 그라놀라에 벌꿀을 섞으며 미소를 지었다.

"제가 내일 그쪽으로 가서 월요일에 있을 프레젠테이션 준비를 도와드릴까 해서 전화 드렸어요. 제가 파워포인트의 여왕이거든요."

"아, 니키. 그럼 나야 좋지! 원래 남편이 도와주기로 되어 있었는데, 지금 냉전 중이니까, 니키가 도와준다면 정말 천만다행이지. 우리 여자들이 최첨단 기술을 다루는 동안 남편은 보고 싶어하는 미식축구 경기를 보면 되잖아. 괜찮지?"

"그럼요. 돕고 싶지 않았다면 이런 날씨에 제가 그러겠다고 말을 꺼내지도 않았겠지요. 그 일을 도와드리면서 저도 많이 배우게 될 거예요."

"머릿속에 내용은 다 정리해놨으니까, 니키가 그걸 정리하는 걸 조금 도와준다면, 영원히 그 은혜는 잊지 않을게."

"제가 한시까지 갈게요. 대신 핫초콜릿 한 잔만 타주세요."

니키는 그라놀라 반죽에 말린 과일과 메이플 시럽을 넣으며 말했다.

"그래. 그럼 내일 봐."

"네. 내일 뵐게요."

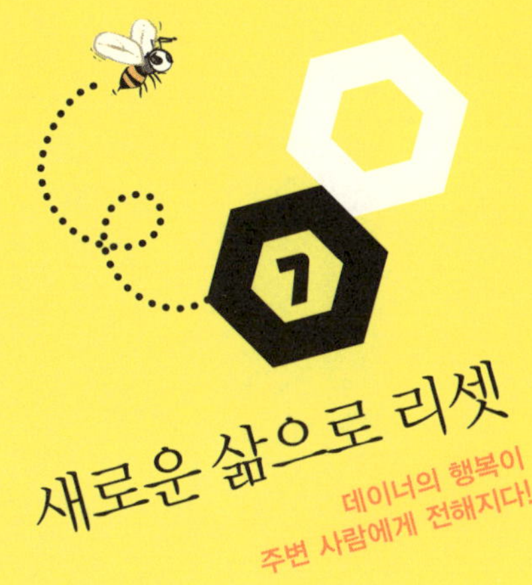

새로운 삶으로 리셋

데이너의 행복이
주변 사람에게 전해지다!

"엄마! 엄마가 서두르지 않으면 나 또 리허설에 늦겠어요."

크리스가 이층에 있는 자기 침실에서 소리를 질렀다.

"절 데려다 주기 싫으시면 제가 직접 운전해도 괜찮은데. 아님, 딜런한테 전화해서 데려다 달라고 할까요? 갠 자기 전용차가 있거든요."

'또 저렇게 빈정거린다. 저러다가 외출금지 당하고선.'

혹독한 날씨 때문에 가족 상담은 취소되었다. 그 대신 데이너와 그녀의 남편, 그리고 크리스는 어젯밤에 가족회의를 가졌는데, 데이너는 문제가 원만하게 해결되었다고 생각했다. 남편은 크리스의 '금융거래'에 대해 아직도 화가 덜 풀렸지만, 데이너가 설득해서 결국 크리스는 일주일 동안 차를 운전하는 권리를 빼앗겼고, 매일 밤 컴퓨터 사용을 한 시간으로 제한 받게 되었다. 물론 그로 인해 데이너와 남편은 일주일 동안 크리스를 위해 운전기사 노릇을 더 많이 하게 될 것이다.

'대체 누가 벌을 받는 건지……'

데이너는 계단을 쿵쾅거리며 내려오는 크리스를 보며 말했다.

"그럼 어서 딜런에게 전화해. 조금 있으면 엄마와 같이 일하는 직원이 올 거거든. 옷 따뜻하게 입고 여섯시까지는 집에 와야 한다. 아빠한테는 말하지 말고."

"고마워요, 엄마. 그런데 엄마! 딜런은 자기 휴대전화도 갖고 있어요."

"쓸데없는 소리 하지 마세요, 크리스 아저씨. 집 밖으로 나가게 해주는 것만도 감지덕지해야지."

"아이 참, 엄만, 제가 그렇게 나쁜 짓을 한 건 아니잖아요. 저 때문에 누가 피해를 본 것도 아니고."

"크리스, 네가 한 짓은 일종의 사기야. 범죄라고. 은행에서 알았다면 넌 고발당할 수도 있었어. 잘못을 축소하려고 하지 마. 거짓말을 하면 어떤 결과가 오는지 내가 얘기했잖니."

"하지만 엄마도 항상 거짓말을 하잖아요."

"엄마가 무슨 거짓말을 해! 난 거의 항상 정직하다고."

"아니, 안 그래요. 어제만 해도 엄만 딜런의 엄마에게 저녁 약속이 있어서 영화 보러 함께 갈 수 없다고 했잖아요. 사실은 저녁 약속이 없었는데도."

"크리스, 그건 사회적 거짓말이라고 하는 거란다. 그런 건 별 의미가 없는 거야. 눈보라가 몰아치는데 밖에 나가고 싶은 사람이 어디 있겠니?"

"그냥 딜런의 부모님이 싫다고 인정하세요. 그분들이 엄마 아빠에 비해 자식에게 관대하니까 싫으신 거잖아요."

"그렇지 않아. 가끔은 그런 사회적 거짓말도 필요한 법이야. 그리고 걔네 부모님은 관대한 게 아니라, 태평한 거지."

"그래도 거짓말은 거짓말이잖아요, 안 그래요?"

데이너는 잠시 머뭇거리다가 패배를 인정했다.

"그래, 내가 졌다. 거짓말은 거짓말이지. 이제부터는 안 하도록 노력할게. 지적해줘서 고맙구나. 엄마가 생각했던 것보다 훨씬 더 큰 흉악범인거 같아. 자, 이제 위에 올라가서 딜런에게 전화해."

찻주전자에서 '삐' 하는 소리가 나는 순간 초인종이 울렸다. 데이너는 처음으로 니키가 이런 날씨에 어떻게 집까지 찾아왔을까 하는 생각이 들었다.

'얼어 죽지 않았나 몰라.'

니키는 머플러로 얼굴을 칭칭 동여매다시피 하고 있어서 마치 투명인간 같아 보였다. 데이너는 반갑게 맞으며 따뜻하고 쾌적한 집 안으로 니키를 안내했다.

"정말 미안해. 내가 태우러 갔어야 했는데. 룸메이트가 데려다 줬겠지?"

"아니요. 버스 타고 왔어요. 버스 타는 것쯤은 식은 죽 먹기죠. 그런데 버스에서 내려서 두 블록 정도 걸어오는데 바람이 여간 매서운 게 아니더라고요."

"니키는 참 씩씩해. 약속했던 대로 내가 핫초콜릿 만들려던 참이었어. 좋은 소식이 있는데, 오늘 아침부터 프레젠테이션 준비를 해서 거의 다 끝낸 거나 다름없어. 보기 좋게 손만 좀 대면 될 거야. 오후 내내 일 안 해도 되니까 남는 시간엔 수다나 떨자고. 신발 벗어, 슬리퍼 갖다 줄게. 무릎 담요도."

니키는 몸에 두른 '단열재를 철거한' 다음, 털 부츠를 벗기 위해 바닥에 앉았다.

"이런 추위는 정말 처음이에요. 잠깐 벽난로 옆에 앉아 몸을 좀 녹여야겠어요. 아, 그리고 이건 제가 직접 만든 그라놀라인데, 맛보시라고 조금 가져왔어요. 파워포인트와 친해지셨다니 참 잘됐네요."

"그동안 이런저런 변명을 하면서 파워포인트를 쓰지 않았어. 전에는 내가 그런 걸 할 수 있을 거라곤 생각도 못 했거든. 그런데 막상 해보니까 별거 아니더라고. 틀을 잡아서 프로그램을 돌리면 알아서 슬라이드 쇼로 변환되더라고."

"자기계발서 류의 책들과 마찬가지로, 파워포인트 중에도 안 좋은 것들이 많지요. 제 경험으로 볼 때 파워포인트가 너무 남용되는 것 같아요."

"그 얘기가 나와서 말인데, 어제 저녁에 그 책 다 읽었어. 저녁을 먹고서 신용카드 문제를 의논하려고 가족회의를 했는데, 니키가 준 책이 많은 도움이 됐어. 상황을 다른 시각으로 볼 수 있게 해주었어. 요즘은 속상하고 화나는 상황이 닥치면 조금씩 긍정적으로 생각해보는 연습을 해. 놀라운 건 아무리 안 좋은 상황에도 긍정적인 요소가 꼭 하나씩은 있다는 거야."

데이너는 니키에게 김이 모락모락 나는 핫초콜릿을 건네주었다.

"정말 반가운 소식이네요. 제 생각에 사람들은 새로운 행동으로 성공을 거두려면 오랜 기간 동안 그 행동을 반복해야 되는 것 같아요. 그런데 선배님은 정말 잘 하고 계신 것 같아요."

"아마도. 하지만 내일 있을 회의는 정말 엄청난 도전이 될 거야. 이사진에서는 앞으로 있을 중요한 변화들에 대해 얘기할 거라고 잔이 말하더군."

"회사를 다른 주로 옮기는 문제에 대해서 더 들은 말은 없나요?"

"그 문제는 말할 수가 없지만, 다른 많은 문제들과 마찬가지로 가능성은 있어. 어제 가족회의에서도 그 문제에 대해 식구들과 얘길 나눴지."

"그래서요?"

"믿을 수 있을지 모르겠지만, 남편과 아들 모두 그 생각에 대해서 별 거부감을 보이지 않았어. 남편은 어딜 가든 컴퓨터 상담 일을 할 수가 있고, 크리스는 내슈빌로 옮기면 좋겠다는 말을 하더라고. 걔는 벌써 샤니아 트웨인이 부르면 좋을 만한 노래를 작곡해 놓았대. 정말 꿈도 거창하다니까."

"내슈빌요? 그럴 가능성이 있는 건가요?"

"누가 알겠어? 지금 시점에서는 어디든 가능성이 있는 거지. 새로운 계획이 승인되면 분명 직원들을 많이 뽑아야 할 테고, 그러려면 인력이 풍부한 남쪽이 유리하겠지. 내슈빌은 남쪽의 중앙에 위치해 있잖아. 교통의 요지라서 제품 선적도 용이하고, 전반적으로 인건비도 적게 들 거고. 뿐만 아니라 날씨도 여기보다는 훨씬 좋지."

데이너는 창문 너머 눈 덮인 풍경을 보며 마치 작별 인사라도 하듯 손을 내저었다.

"데이너, 정말 놀라운 변화네요! 지난번엔 회사가 옮겨가는 문제에 대해서 격렬하게 반대하셨던 걸로 기억하는데…… 혹시 제가 선물한 책 때문인가요?"

"그건 아니지. 하지만 그 책으로 인해 다른 가능성들에 대해서도 열린 마음을 갖게 된 건 사실이야. 그리고 솔직히 말해서 니키를 보면서 많은 걸 배웠어. 그동안 정말 열정적으로 살아왔다고 생각했지만 내가 보지 못한 것도 많았던 것 같아. 일과 가정 사이의 팽팽한 끈을 놓쳐버리니깐 한동안 정신이 없었어. 남편이 어젯밤 잠자리에서 그러더군. 내가 일을 처리하는 방식이 많이 달라졌다고. 예전에는 바짝바짝 성마른 사람 같더니 요즘은 여유가 느껴진다나? 남편하고도 다시 대화를 시작했어."

크리스는 밴드 리허설에 갈 마음에 들떠서 마치 넘어질 듯 급하게 계단을 내려왔다. 손에는 옷가지를 들고 겨드랑이에는 악보를 끼고 있었다.

"딜런이 차고 앞에서 기다리고 있어요. 엄마, 여섯시까지는 집에 올게요."

"얘, 잠깐만! 인사는 하고 가야지. 이쪽은 엄마와 같이 일하는 니키 카바나야. 니키, 내 아들 크리스야."

"아, 엄마가 말했던 바로 그 니키 씨군요. 만나서 반갑습니다. 니키 씨도 회사를 따라 내슈빌로 이사하실 건가요?"

크리스가 들뜬 목소리로 묻자 데이너는 깜짝 놀랐다.

"크리스, 무슨 그런 질문을 하니? 회사가 옮겨갈지도 '모른다'
고 말했잖아. 정말로 옮겨갈지는 엄마도 몰라. 그리고 내슈빌로
옮길 거란 말은 들은 적도, 한 적도 없다."

"만나서 반가워요, 크리스. 이렇게 추운 겨울날엔 다른 곳으로
이사하고 싶은 마음이 들어요. 하지만 내슈빌에 가본 적은 전부
합쳐도 오 일 정도밖에 안 되죠. 그곳에 가면 여자화장실 찾기도
쉽지 않을걸요. 어머니의 프레젠테이션 준비를 도우러 왔어요.
내일 아주 중요한 회의가 있거든요."

"하지만 이렇게 추운 겨울은 이제 지긋지긋해요. 그런데, 엄
마! 프레젠테이션 준비 다 끝났다고 하시지 않았어요? 아님, 또
거짓말을 하신 건가요? 농담이에요. 저 갈게요."

크리스는 두 사람에게 빙긋 웃어 보이고는 밖으로 나갔다.

"무슨 말이죠?"

니키가 물었다.

"누구나 하는 선의의 거짓말을 놓고 크리스가 날 들볶았거든.
신용카드 사건에서 내 신경을 돌려놓으려고 저러는 거지. 하지만
저 녀석과 논쟁을 하지 않으려고 노력하고 있어. 난 점점 더 잘
하고 있는 것 같아. 정말로."

"그런데 선의의 거짓말이 결국엔 자신을 함정에 빠뜨리는 경

우가 많더라고요.”

데이너는 자리에서 일어나 벽난로에 장작을 더 집어넣었다.

“맞는 말이야. 나도 크리스에게 앞으로는 좀더 주의하겠다고 얘기했어. 내일 회의에서도 이 새로운 행동을 활용할 수 있으면 좋겠어. 아마 우리 팀 사람들이 깜짝 놀라겠지. 이제 프레젠테이션을 좀 봐주겠어? 니키의 풍부한 상상력을 동원해서 내가 아직 마스터하지 못한 그래픽 쪽을 중점적으로 좀 봐줘.”

“걱정 마세요. 마사 스튜어트(Martha Stuart. 살림 노하우를 상품화해 재벌이 된 미국의 여성 사업가—역주)가 말했듯이 상상력은 아주 좋은 거지요.”

매트 파커는 평소대로 회사에 일찍 도착했고, '새 사람'이 된 데이너도 곧이어 도착했다. 매트가 커피메이커에 물을 붓고 있는데, 데이너가 그 뒤로 살금살금 다가가 큰 소리로 말했다.

"아니, 꿈이 아니랍니다, 매트. 아침에 늘 하던 일상을 바꿨더니 이렇게 일찍 올 수 있었네요. 프레젠테이션 마지막 점검을 시간에 쫓겨 허겁지겁 하고 싶지는 않았거든요. 준비는 잘 된 것 같아요. 어제 니키가 좀 도와주긴 했지만, 파워포인트는 저 혼자서 익혔어요. 매트, 지난 몇 주 동안 날 보호해주고 일도 대신 많이 해주고 있다는 걸 알아요. 정말 고맙다는 말을 하고 싶었어요. 가정 일도 안정되고 했으니까 이제부턴 직장 일에 더 많은 시간을 투자할 수 있을 거예요."

"데이너, 우린 한 팀이야. 데이너가 그렇게 말해주니 나 역시 정말 고마워. 그리고 가족에 대한 말이 사실이라면 나도 기뻐. 전에 내가 한 말은 농담이 아냐. 나도 그 책을 한 권 사서 꼭 읽어봐야겠어. 정말 놀라운 효능이 있는 것 같아."

"단지 책 때문만은 아니에요. 니키한테도 얘기했지만, 니키의 낙천적이고 긍정적인 태도도 저의 새로운 사고와 깊은 관련이 있어요. 내가 점점 나만의 비참함 속에서 헤어나오지 못할 때 주변의 다른 사람들까지 비참하게 만들고 있었음을 깨닫게 해주었어요. 그건 모든 사람들에게 해가 되는 거니까요."

"참 건강한 자기 진화인데. 데이너처럼 자신의 부정적인 모습을 솔직하게 드러내는 일이 보통 사람은 할 수 있는 게 아니지. 아무튼, 파워포인트를 마스터했단 말이지? 그럼 이제 마이크로소프트사를 위한 시연회 준비를 마친 건가?"

매트의 우스갯소리에 데이너가 낄낄대며 웃었다.

"아직 그 정도는 아니에요. 그래도 보시면 모두 깜짝 놀라실걸요. 이사회도 그러면 좋을 텐데. 정말 솔직히 말하면, 약간 겁도 나요."

"정말 솔직해지는 게 유일한 길이지요."

니키 카바나가 사무실로 들어서며 말했다. 그녀는 추위에 얼굴이 빨개져 있었고, 출근을 서둘렀는지 숨까지 가쁘게 쉬고 있었다.

"자, 이제 좀 비켜주세요. 저도 차 한 잔 마셔야겠어요. 아, 정말 얼어 죽겠네."

"니키도 지금쯤은 왜 이곳이 뚜르드프랑스(Tour de France. 프랑스에서 열리는 세계적인 사이클 경주대회―역주) 대회에 맞지 않는지 알았을 텐데. 이곳 날씨가 좀 거친가요, 공주님?"

매트가 니키를 막아서며 말했다.

"매트, 니키 좀 가만 놔둬요. 매일 자전거로 출퇴근하니까 운동도 되고, 또 환경을 오염시키지도 않으니까 좋잖아요. 니키의 남다른 노력을 칭찬하고 싶어요. 물론 그 엄청난 스태미나도."

"니키, 그냥 농담한 것뿐이야. 이렇게 니키가 오니깐 이곳 분위기가 다정해져서 왠지 나도 니키와 더 친해져볼까 하고."

데이너는 두 사람을 위해 커피를 따라주면서 매트에게 물었다.

"매트, 커피에 뭘 넣어 드릴까요? 청산가리 어때요?"

순간 니키는 폭소를 터뜨렸고, 매트는 재빨리 데이너가 들고 있던 설탕통을 낚아챘다.

"아, 데이너. 변하지 않은 것도 있군. 당신의 그 짓궂은 유머는 아직도 건재해."

"자, 이제 두 분 다 비켜주세요. 이제 일을 시작해야겠어요. 회의가 시작되기 전에 제가 뭐 도울 일이 있으면 언제든 말씀해주세요. 그리고 두 분 모두 잔에게 전화를 하셔서 도와줄 일이 없는지 물어보시는 것도 좋은 생각인 것 같네요."

"니키, 정말 깨물어주고 싶네! 조만간 내가 꼭 니키가 전생에 누구였는지 밝혀내고야 말겠어. 잔다르크? 퀴리 부인? 곧 있을 레드썬을 기대하라고!"

토드 라모스는 회의실 밖에서 잔을 기다리고 있었다. 신제품이 가득 담긴 상자가 그의 발치에 놓여 있었다. 잔은 그에게 완벽한 프레젠테이션의 중요성을 강조해왔고, 많은 예행연습을 한 결과 토드는 그 일을 충분히 해낼 수 있다는 자신감을 갖게 되었다. 토드가 유리창에 자신의 모습을 비춰보며 옷매무새를 고치고 있는데, 엘리베이터의 문이 열리면서 피터 기자가 나타났다. 피터도 참관인 자격으로 그 회의에 참석하게 되어 있었다.

"안녕하세요, 토드 씨? 우리가 너무 일찍 온 건 아니죠, 그렇죠? 다른 사람들은 모두 어디에 있나요?"

"아, 피터 씨, 다른 사람들의 뒤를 밟는 일은 오래 전에 그만뒀답니다. 모두들 몇 시에 회의가 시작되는지 알고 있답니다. 그런데 잔이 아직까지 오지 않았다는 게 놀랍군요. 데이너는 분명 평소처럼 늦을 테고."

"또 틀리셨네요."

데이너가 씩 웃으며 계단통로에서 나오며 말했다.

"삼십 분 전에 이미 와 있었지요. 벌써 커피도 석 잔이나 마셨는걸요. 피터 씨, 안녕하세요? 기사는 잘 써지고 있나요?"

"그럼요. 데스크에서 취재 시간을 일주일이나 연장해줬습니다. 비즈니스 섹션에 양면으로 이 회사의 이야기가 실릴 겁니다."

이번엔 데이너가 토드에게 말했다.

"토드, 피터 씨에게 당신이 생각해낸 신제품 아이디어에 대해 자세하게 알려줬죠? 피터 씨, 아직 그 신제품들을 보지 않았다면, 이따가 보고서 정말 깜짝 놀라실 거예요."

데이너의 칭찬에 토드가 조심스럽게 대꾸했다.

"고마워요, 데이너. 네, 피터 씨도 제가 해온 일에 대해 전반적인 내용은 알고 있습니다. 하지만 그 이상은 아직 모릅니다. 오늘 회의를 위해 정말 중요한 부분은 아껴 두었지요. 피터 씨도 이 회의를 취재하기 위해 이곳에 오신다는 걸 알고 있었답니다."

데이너가 피터를 돌아보며 말했다.

"토드 씨가 화장품 업계에서 일했다는 건 알고 있지요? 사실 전 토드 씨의 실력을 별로 신뢰하지 않았지요. 아마 이사들도 오늘 회의에서 깜짝 놀랄 거예요. 적어도 제 예상으로는 그럴 거예요."

데이너의 말에 토드가 놀란 표정을 지었다.

"데이너, 지난주에 뵙던 분이 아니신 것 같아요. 오늘은 완전히 다른 분 같은데요. '내 눈에 흙이 들어가기 전에는', 뭐 그런 강경한 태도로 그 계획에 반대한다고 말하신 분이 데이너 당신 아니었나요?"

"최선의 결과를 얻게 될 거라 믿어야 할 때도 있는 법이죠."

데이너는 니키의 말을 조금 바꿔서 인용했다.

"이상하게 들릴 수도 있겠지만, 내게 그 길을 보여준 것은 신입사원 니키였어요. 나이 어린 말단 직원이라고 덮어놓고 무시할 게 아니더라구요. 매너리즘에 빠진 사람들에게 참신한 시각을 갖게 해줄 수 있다는 점을 이번에 확실히 깨달았죠. 그리고 이렇게 직접 뵙게 되었으니까 드리는 말씀인데, 처음에 이 새로운 방향에 대해서 내가 회의를 품었던 점 토드에게 사과하고 싶어요. 마음을 열고 받아들이지 못했던 것 같아요. 다시 이 팀에 합류하게 되어 힘이 나네요."

"괜찮으시다면 기사에 당신의 '탈바꿈'에 대한 얘기를 쓰고 싶네요. 정체되어 있다고 느끼는 많은 사람들에게 경각심을 줄 수 있을 것 같은데, 그래도 되겠죠?"

"저는 상관없어요. 물론 제가 전문가는 아니지만. 전 그저 매 순간 새로워지기 위해 노력할 뿐이지요."

"데이너, 다시 좋은 모습으로 돌아와 저도 기쁩니다. 데이너는 프로니까 그럴 거라 믿고 있었습니다."

토드의 말을 데이너가 농담으로 받았다.

"프로 대신 '늙은 여우'란 말은 어때요?"

데이너가 미소를 짓고 있을 때 잔이 도착해서 모두를 회의실로 안내했다.

"좋아요, 여러분. 이제 쇼를 시작해볼까요?"

SCENE 30

이사회 총회는 거의 오전 내내 계속되었다. 그리고 예상했던 대로 회의의 스타는 토드였다. 그의 프레젠테이션은 매끄러웠고, 많은 아이디어가 담겨 있었으며, 그의 자연스러운 진행은 회의 참석자들의 주목을 끌기에 충분했다. 잔은 회의 내내 밝게 미소를 짓고 있었고, 데이너에게 서너 번 윙크를 보내기도 했다. 토드의 '흥행'에는 미치지 못했지만, 데이너도 프레젠테이션을 하는 동안 침착함을 잃지 않았으며, 토드의 말대로, 프로처럼 컴퓨터를 잘 다루었다. 매트는 고객 기반과 관련된 자신의 지식을 십분 발휘했으며, 재무국장은 빈틈없고 믿을 만한 수치를 동원해 토드의 제품 계획을 뒷받침했다.

"니키! 오늘 회의는 정말 완벽했어. 팀원 모두 백 일 합숙훈련을 한 것 같았다니까!"

데이너는 니키의 자리를 지나치면서 흥분된 목소리로 말했다.

"잠깐만요. 엄마한테 메일 답장 하나만 보내고요. 엄마가 또 아주 멋진 말을 메일로 보내주셨어요. 그것도 프린트해서 가지고 갈게요."

데이너는 잠시 휴대전화의 음성메시지와 이메일을 확인했고,

오전 중에 급한 연락은 없었다는 사실을 알고는 안심했다. 그녀는 아무 말 없이 책상에 앉아 있었다. 정말 오래간만에 숨을 깊이 내쉬었다. 이번 회의로 인해 쌓였던 긴장감이 눈 녹듯 풀어지는 느낌이었다.

니키가 김이 나는 차를 호호 불면서 데이너의 자리로 왔다.

"회의 어땠어요? 이사는 가는 건가요?"

"그렇다고 할 수도 있고 아니라고 할 수도 있고. 이사회에서 새로운 제품 라인의 개발을 승인했어. 지금 당장 생산에 착수했으면 좋겠다고 하더라고. 재무국에서는 벌써 자금을 조달할 은행까지 확보했대. 3월 말까지는 제품 샘플이 나올 수 있다고 하니까, 앞으로 엄청 바쁘긴 하겠지만, 그래도 재미있을 거야. 나한테도 임무가 떨어졌는데, 주요 고객들에게서 피드백을 받는 거하고, 시장 진입을 지원할 지사를 둘 만한 곳을 찾는 거야."

"와, 데이너, 정말 잘됐네요! 그러니까 이곳에 있으면서 새로운 지사를 또 연다는 말이죠? 잘됐네요. 어떤 일부터 시작하실 거예요?"

"글쎄, 고객들을 대상으로 설문조사부터 해야겠지. 물론 지리조사도 좀 해야겠고."

"내슈빌은 테네시 주에 있을걸요."

니키가 농담을 하자 데이너가 웃으며 말했다.

"니키, 오늘 다른 사람들한테는 사과를 했는데, 니키한테도 사과를 해야 될 것 같아. 어떤 식으로든 내가 니키의 '금언'을 받아들이지 않으려고 했던 점 사과할게. 미안해. 이제 그 말들 속에 얼마나 많은 진실들이 담겨 있는지 깨달았어. 위에서 명령처럼 떨어진 것이었다면 변화와 더불어 기회가 찾아온다는 말을 받아들이지 못했을 거야. 스스로 느끼고 변화하게끔 도와줘서 고마워."

"사과라니요? 도움이 되었다니 오히려 제가 기뻐요. 힘들어하시는 모습을 보고서 도와드리고 싶었어요. 도와주려고 해도 마음을 열지 않는 사람들도 많잖아요. 그런데 데이너는 제 이야기에 귀를 열어주셨어요. 물론 읽을 준비도 해주셨고요. 그리고 데이너의 가족이 화목해진 것도 기뻐요. 아마 이런 결과를 크리스가 알면 정말 좋아하겠네요. 크리스에게 전화해주세요."

"그래야지. 그런데 내슈빌로 옮기는 문제는 전혀 결정된 바 없어. 내가 일단 신중하게 검토해보고 나서 의논하고 결정할 문제지. 손에 들고 있는 게 뭐지? 어머님께서 메일로 보내주신 건가?"

"네. 또 보내셨어요. 냉장고 위에 붙이라고 금언을 보내주시는 분이 바로 저의 어머님이세요. 룸메이트는 그걸 보고 절 놀리지요. 이번 것은 제 입사를 축하한다며 보내신 거예요. 한번

보세요."

'행복은 선택이다.'

'자신의 숨은 힘을 일깨워라. 다른 이들도 변할 것이다.'

'자만이 지나치면 팀워크가 무너진다.'

'열정이 있다면 90퍼센트는 도달한 것이다.'

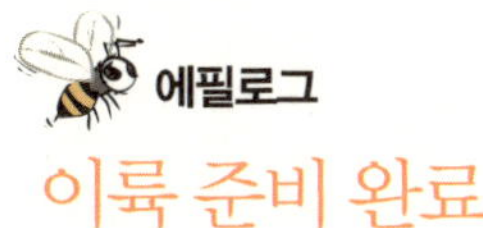 **에필로그**

이륙 준비 완료

SCENE 31

FLIGHT 96 – DELAYED.

데이너는 올랜도 공항에서 출발 안내판을 바라보고 있었다. 북동쪽의 혹독한 날씨가 햇볕 쨍쨍한 플로리다 주에까지 피해를 주고 있었다. 지사 설립에 적합한 장소를 찾기 위해 나선 데이너의 여행은 정말 험난했다.

'아이고, 이번 여행에서 내가 갈고 닦은 새로운 마음가짐을 시험하게 되겠구나. 이 겨울이 끝나긴 하려나? 오늘?'

데이너는 호텔방에 있는 알람시계가 고장난 걸 알고는 프런트에 모닝콜을 요청했었지만, 아침에 아무런 소리도 듣지 못했다. 허겁지겁 잡아탄 택시. 택시 운전사가 공항까지 지름길로 가겠다고 해서 그러라고 했는데, 택시 운전사는 도중에 길을 잃고 한참을 헤맸다. 6일 만에 4개 도시를 돌아봐야 했기 때문에 비행기

표를 편도로 다섯 장을 예약하고 다니는 중이었다. 따라서 탑승 시간을 놓치면 일정이 다 엉크러져버리는데, 공항 검색대를 통과하다 정밀검색 대상에 걸려서 거의 벌거벗다시피 검색을 받아야 했다.

'이보다 더 나쁠 수도 있을까? 차라리 비행기를 타는 사람들을 전부 다 홀딱 벗겨놓고 뒤지지.'

데이너는 공항 안에 있는 사람들이 모두 알몸에 허리띠만 매고 있는 모습을 상상하며 혼자 웃었다.

본격적인 예비 조사와 사원 설문조사를 마친 뒤, 데이너는 사실 확인을 위해 올랜도와 내슈빌, 멤피스, 윈스턴-세일럼을 둘러보고 있었다. 각 도시의 상공회의소 측과 회의 약속도 잡아놓고 있었는데, 나날이 성장해가는 그 도시들에서는 새로운 산업의 유치에 적극적으로 나서고 있었다. 올랜도는 다소 실망스러웠다. 어쩌면 그녀의 아들이 내슈빌을 열광적으로 지지하기 때문에 선입견을 갖게 된 건지도 모른다. 데이너 혼자서 선택할 수 있는 문제는 아니지만, 각 도시의 장단점에 대한 그녀의 평가는 이사회에서 도시를 선정하는 데 중요한 역할을 하게 될 것이다. 그녀는 호텔에서 남편에게 전화를 걸어 이 임무가 자신이 이제까지 해본 일 중 가장 흥미로운 것이라고 말했다. 남편은 또 한 차례 동장군

이 기세를 떨쳤다고 말했지만 남쪽에 와 있는 그녀는 신경 쓰지 않았다.

바퀴 달린 가방을 끌면서 게이트에 도착했을 때, 게이트 직원에게 비행기 출발 지연을 항의하며 소리를 지르고 있는 한 승객을 발견했다.

"이러다 회의 다 끝나버리겠네. 열두시 전에는 이륙을 해야 한단 말이요! 이 달 들어 벌써 세 번이나 이런 일을 당하는데, 당신들은 아무것도 안 하고 그저 날씨 탓만 하고 있다니!"

항공사 직원이 그 남자에게 말했다.

"진정하세요, 손님. 문제 될 게 없습니다. 이제 곧 탑승을 시작할 거니까요."

"그래요? 그런데 내 자리는 비즈니스 석으로 업그레이드가 안 됐잖아요? 다른 '서민'들과 함께 뒤에 앉아 가게 됐다고. 더군다나 내 자리는 제일 뒤쪽에 바로 화장실 건너편인 것 같은데. 참 즐거운 비행이 되겠군."

그 남자는 비꼬는 투로 말했다. 데이너는 그 남자를 진정시키기 위해 나섰다.

"그럼 탑승은 우리가 먼저 하는 건 어떨까요? 저도 마지막 줄에 앉아야 하는 '서민' 중 하나인데요."

게이트 직원의 말대로 곧 탑승이 시작되었다. 데이너는, 여전히 콧김을 뿜어내고 있는 그 승객 옆자리에 앉게 되었다. 그 남자는 자신의 짐이 너무 커서 머리 위 짐칸에 싣지 못하게 되자 또 한바탕 짜증을 부리기 시작했다.

"스튜어디스! 이 짐 좀 일등석 객실에다 옮겨다 줄 수 없소? 이 코딱지만한 짐칸에 통 들어가야 말이지. 그동안 항상 일등석만 타고 다녔더니 이런 문제가 생기네."

"손님, 죄송합니다만, 짐칸에 들어가지 않으면 게이트 체크를 할 수밖에 없습니다. 아시다시피 오늘 아침, 앞 비행기 운행이 취소되어 전혀 빈자리가 없습니다."

"아니, 그게 누구 문제란 말이요? 내 문제요? 비행기 서비스가 갈수록 나빠진단 말이야. 그럼 짐 찾으러 또 한참을 기다려야 되겠구먼. 이제 회의는 물 건너갔어. 정말 재수 없는 날이네."

남자는 승객들이 다 들을 수 있을 만큼 큰 소리로 혼잣말을 했다.

"좌석 밑에 넣어보시지 그러세요? 그럼 게이트 체크 하지 않아도 되잖아요."

데이너가 달래듯이 말했다.

"그럼 다리는 어떻게 뻗으라고요? 제 키가 190이 다 되는데,

이 좁아터진 자리에 앉는 것도 불편할 지경인데 어떻게 짐까지
놓겠소?"

"아, 그럼 제 자리에 놓으세요. 길지 않은 비행이고, 전 공간이
그다지 넓을 필요가 없으니까요."

데이너가 다리를 옆으로 옮겨주자, 남자는 화를 누그러뜨리며
말했다.

"참 친절하시네요. 칵테일 한 잔 사드려야겠는데요. 전 배리
존스턴이라고 합니다."

"알고 있어요. 가방에 붙은 꼬리표에서 봤어요. 참견하려는 것
은 아니지만, 그렇게 흥분하시면 혈압에 안 좋아요."

배리는 양복 상의를 벗어서 단정하게 접고는 조심스럽게 짐칸
에 넣었다. 그는 자리에 앉자 데이너의 손을 가볍게 두드리며 말
을 걸었다.

"정말 그래요. 혈압에 안 좋은 줄은 저도 알지요. 하지만 이 나
라의 서비스가 엉망이 됐다니까요. 그런 사실을 그냥 모른 척 받
아들이면, 나중엔 뭐든 셀프서비스를 해야 하는 세상에 살게 될
겁니다. 또 모르죠. 어쩌면 우리더러 직접 비행기를 조종해서 다
니라고 할지. 승객의 권익을 위해 제가 나서야 한다고 생각하는
것뿐입니다."

"저도 전적으로 같은 생각이에요. 하지만 그런 입장을 취하더라도 보다 덜, 이런 표현을 쓰는 걸 양해하신다면, 보다 덜 공격적인 방법도 많지요. 식초보다는 꿀에 파리가 더 많이 모이는 법이잖아요."

배리는 그 진부한 금언을 듣고 미소를 지었다. 마음이 진정되기 시작했다. 데이너가 다시 말했다.

"저도 택시를 탔다가 정말 미치는 줄 알았어요. 택시 운전사가 영어를 거의 못 하는데다가, 설상가상 공항까지 오는 길조차 모르는 거 있죠!"

"어딜 가나 그런다니까요. 영어를 못 하는 사람들이 왜 그리 많은지."

"배리, 저도 얼마 전까지만 해도 그런 상황을 만나면, 우리 아들 말대로, '방방 뛰었을' 거예요. 하지만 이번에는 그러지 않고, 그저 숨을 깊이 들이쉬면서 등을 기대고 앉아 있었죠. 어차피 제가 그 상황에서 무슨 일을 할 수 있었겠어요? 거의 비행기를 놓칠 상황이었는데, 비행기가 연착되었다는 사실을 알고서 정말 안도의 한숨을 내쉬었지요."

"나도 그렇게 느긋해지면 좋으련만. 이름이 뭐예요, 어디서 왔어요? 화성? 아니면 택시노동조합?"

배리의 농담에 데이너가 낄낄대며 웃었다. 두 사람은 악수를 하며 정식으로 인사를 했다. 데이너는 오늘 판매를 해보기로 마음먹었다. 비록 팔 상품은 공짜지만.

"마음가짐이 달라지면 하루가 어떻게 변하는지 보고 싶었어요. 참을성 있는 동료들과 가족들의 배려, 독서 덕분에 결국 전 인생의 변화를 이룰 수 있었죠. 이렇게 스트레스로부터 자유로웠던 적이 없었어요. 아시다시피, 스트레스가 줄면 수명도 연장되지요."

마침내 비행기가 게이트를 벗어나 활주로로 미끄러지고 있었다. 결국 그렇게 심하게 늦지는 않을 것 같았다.

"참 좋은 말이네요. 어떻게 그렇게 현명해지신 거죠? 그리고 내슈빌엔 무슨 일로 가시는 건가요?"

"한 권의 책, 그리고 아주 지혜로운 신입사원 덕분에 세상을 보는 시각을 바꿀 수 있었죠. 그리고 내슈빌에는 우리 회사의 일부가 그곳으로 옮겨갈 수도 있기 때문에 가는 겁니다."

"그럼 그 책의 제목이 뭡니까? 제가 상관으로 모시던 분이 지금은 회사에서 운영하는 대학으로 자리를 옮기셨는데, 그분한테 그 책 얘기를 해야겠네요. 우리는 항상 그 양반 표현을 빌리자면, 좋은 '치료용 도서'를 찾고 있거든요. 수백 권의 비즈니스 신간을 구입해서 세계 각국의 주요 경영자들에게 보내주고 있답니다.”

“그런데 그 책은 비즈니스 관련 책이 아니에요. 그리고 대학을 갖고 있을 정도로 거대한 기업이라면 새로운 생각들을 키우기에 적합한 인큐베이터는 아닌 것 같은데. 그런 회사들은 나름의 방식이 이미 정해져 있다고 생각해요. 제가 성장하고 진화하려고 노력하는 이 작은 회사에서 일하는 이유가 바로 거기에 있습니다.”

“모든 기업이 성장하고 진화하려고 노력하지요. 백만 달러짜리 기업이든 5억 달러짜리 기업이든 그건 중요치 않아요. 대기업엔 조언을 주는 고문단이 있습니다. 그리고 아시다시피 우린 작은 기업들에겐 없는 교육 예산도 갖고 있고요. 그러니, 댁의 아드님의 말대로 ‘방방 뛰면서’ 미리부터 우리가 당신이 가치 있다고 느낀 사고를 통해 혜택을 볼 수 없을 만큼 오래된 ‘쥐라기 공원’이라고 속단하지는 마세요.”

배리는 그렇게 말하며 껄껄 웃었지만, 데이너는 자신이 그의 신경을 건드렸구나 하고 확신했다.

“좋아요. 제가 너무 성급한 결론을 내린 것 같네요. 책 제목을 알려드릴게요. 하지만 기업마다 자기 나름의 일 처리 방식을 갖고 있는 것은 사실이에요. 그게 우리처럼 밀랍을 부어 양초를 만드는 기업이든, 인공 심장을 만들어 사람들의 생명을 살리는 기업이든 말이죠."

배리가 무슨 말을 하려는 순간, 기내 방송이 들려왔다.

"96 항공기는 이륙 준비를 마쳤습니다. 저희 항공사를 이용해 주시고, 비행 지연을 참아주신 승객 여러분께 감사드립니다. 비행 시간을 단축할 수 있으니, 내슈빌까지 2, 3분 정도만 늦게 도착할 것으로 예상됩니다. 이후에 다시 한 번 말씀드리겠습니다."

"이제 좀 낫네. 문제에 대해 의사소통하는 것이 문제의 해결 자체보다도 훨씬 더 중요할 수도 있지요. 사람들이 그 점을 더 잘 이해할 수 있다면 좋으련만. 그리고 데이너의 질문에 답을 하자면, 우린 '계발'이나 '도움'이란 단어가 들어가는 것은 그 어떤 것이든 절대 비웃지 않습니다. 대학을 운영하는 그 분은 『물고기!』에서부터 『CEO, 예수』까지 거의 모든 책을 구입해서 보내주었답니다."

비행기는 활주로에서 속력을 계속 높이더니 몸을 부르르 떨며 이륙했다. 비행기가 상승하자 디즈니월드를 비롯한 테마파크들이 점점 작아졌다.

"다행이네요. 이제 곧 저한테 칵테일을 한 잔 사주실 수 있을 거예요. 제가 제일 좋아하는 마가리타가 기내에 없어서 참 아쉽긴 하지만."

"제 기분을 풀어주셨는데, 기꺼이 사 드리지요. 그런데 큰 기업은 공룡과 같아서 혁신적인 일을 할 수 없다고 생각하시는 것 같아 기분이 좀 그러네요."

"그런 뜻으로 한 말은 아니에요. 기업들이 뭐든 제대로 하는 게 중요하다고 생각할 뿐이에요. 이런 거대 기업들은 너무 많은 파이에 손을 대기 때문에 과연 제대로 하기 위해서 자신들에게 필요한 게 뭔지 잊어버리고 만다는 얘길 했던 거예요. 그렇게 생각하지 않으세요?"

"데이너, 당신은 참 좋은 여자고 우리가 만나게 된 걸 기쁘게 생각합니다. 하지만 순진하다는 느낌이 드네요. 양초를 만드는 것, 분명 중요하지요. 하지만 저희 회사는 세계에서 가장 큰 기업 중 하나입니다. 쉽게 말해서 저희 회사 정도면 국가 경제를 좌지우지한다는 거죠. 그리고 우린 직원들이 일을 잘할 수 있도록 동기 부여할 수 있는 새로운 방식은, 그게 무엇이든 환영합니다. 그게 자기계발 류의 책이든 아니든 상관없지요. 만약 우리가 그러지 않았다면 라이트형제 시절에 창립해 이제까지 살아남아 있지 않았을 겁니다."

데이너의 반응이 시큰둥하자 배리가 잠시 생각하더니 몸을 옆으로 기대어 큰 비밀이 있다는 듯 데이너에게 말을 걸었다.

“일을 제대로 하는 것은, 우리에게도 정말 중요한 문제입니다. 사실 저는, 우리가 타고 있는 이 비행기를 만드는 회사의 간부입니다.”

그러자 데이너가 깔깔깔 웃으며 말했다.

“그럼 안전벨트 잘 매세요. 비행기가 많이 덜컹거릴 테니까.”

이 책에 등장하는 데이너, 니키, 잔, 토드와 매트는
일반 기업에서 볼 수 있는 각 인물의 전형을 이루
고 있다. 캐릭터에 따른 각 상황을 나에게 맞추어
보고, 이를 통해 얻을 수 있는 점은 무엇인지 생각
해 보자.

데이너 DANA

비내추럴의 산 역사

총체적 매너리즘, 일과 가정의 불균형, 자신감 상실로
인한 방어적 태도를 겪고 있다. 하지만 관록 있는 경험
의 소유자, 명쾌한 일처리, 특유의 유머 감각으로 사
람들과의 친화력이 있음. 변화의 소용돌이 속에 점점
소외감을 느끼고 자신이 설 자리에 자신이 없다. 그렇
다고 이렇다 할 돌파구를 찾지 못하고 있다.

출근 시간이 점점 지켜지지 않고 있다면, 당신은 매너리즘에 빠진 것이다!

데이너의 상황 속에서

1 데이너는 변화를 두려워하면서 자기 변화의 계기를 만들지 못한 채 하루하루 불평만 가득 채우며 살고 있다. 당신도 매너리즘에 빠져 있는가?

매너리즘에 빠져 있는 사람들은…

1. 출근 시간이 점점 지켜지지 않고 있다.

2. 예전과 다르게 지금 하고 있는 일이 나에게 맞는 일일까 하는 생각이 자주 든다.

3. 내 직업의 발전을 위한 별도의 자기계발 노력을 기울이지 않는다.

4. 직장 내에서 되고 싶은 역할 모델이 없다.

5. 일하고 있는 시간에 비해 발전하고 있다는 생각이 들지 않는다.

6. 회사에서 멍하니 웹 서핑을 하며 보내는 일이 일상이 되었다.

7. 내가 하고 있는 일에 대해 5년 후 그림이 그려지지 않는다.

8. 늘 하는 일인데 더 힘이 든다는 기분이 든다.

한 발 한 발 앞으로 나아가기가 버겁다면 삶에서 쉼표가 필요한 순간일지도 모른다. 변화는 타인의 강요로 이루어지지 않는다. 당신 스스로 변화하고 삶을 즐길 수 있는 요소들을 찾아보자.

2 데이너는 사람들에게 오랫동안 인식되어온 인간 스크랩북 같은 존재감이 부담스럽다. 하지만 매트는 데이너를 대신할 수 없을 정도로 비내추럴에서 데이너의 존재감이 매우 크다고 말한다. 조직 내에서 당신의 존재감은 어떠한가?

조직에서의 나의 역할

1. 업무를 수행하면서 다른 사람보다 뛰어난 자질이 무엇이라고 생각하는가?

2. 내가 가지고 있는 자질이 대체가능한가?

3. 나의 존재가 다른 조직원에게 긍정적인 영향을 미친다고 생각하는가?

4. 나의 역할이 회사의 경쟁력을 높이고 있는가?

5. 내가 조직을 떠났을 때 큰 탈 없이 조직은 돌아가겠지만 나의 빈자리를 아쉬워하는 사람들이 많을 것이라고 생각하는가?

니키는 조직을 떠났을 때에야 사람들은 자신의 존재감을 깨닫게 된다는 말을 한다. 조직 속의 내가 아닌 사회 속의 개인이 되었을 때, 명함 앞에 가려진 누군가가 아니라 나만의 고유명사로 기억될 수 있는지를 생각해보자.

3 데이너는 나이가 들면서 젊었을 때의 열정을 점차 잊고, 자신의 비전을 찾지 못하고 있다. 당신은 막연한 꿈이 아닌 목표를 위한 구체적인 비전에 대해서 깊이 고민해보았는가? 3년 후, 10년 후 시간은 금방 흐른다. 시간을 주체적으로 이끄는 힘이 지금 당신에게 있는가?

4 데이너는 핵심 사업에서 벗어나는 기업은 실패할 경우가 많다고 생각한다. 그 생각에 동의하는가? 길을 잃지 않고도 사업을 확장할 수 있는 방법들을 제안할 수 있는가? 변화의 전략을 채택할 때 경영진에서 직원들의 동의를 얻는 것이 얼마나 중요한 일인가?

5 데이너는 비록 매트와 사이가 좋은 것은 아니지만 회사의 새로운 방향과 관련된 논의에서 매트가 제외되고 있다는 걱정을 한다. 당신은 개인적인 긴장관계와, 전체적으로 회사에 이득이 되는 데 필요한 것들을 균형 있게 다루고 있는가?

6 데이너는 많은 기업들이 자신들의 전통과 미래의 균형을 유지하는 데 어려움을 겪고 있다고 말한다. 당신이 속한 조직에서는 전통을 지키면서도 다가오는 변화를 잘 대처하는 조화를 이루고 있는가?

7 데이너는 조직 내에서의 적절한 의사소통의 중요성에 대해 여러 차례 언급한다. 의사소통의 부재가 그녀와의 갈등의 골을 더욱 깊게 만들었다. 당신은 회사 내에서 효율적인 의사소통을 하고 있는가?

8 데이너는 크리스가 '꿈이 거창하다'고 말하는데, 이것은 칭찬이
아니다. 당신의 회사에 사람들이 보기에는 비현실적인, '꿈이
거창한' 사람이 있는가? 다른 사람들이 그를 어떻게 생각하는
가?

9 데이너는 가정 문제 때문에 직장 일을 소홀히 해서 미안하다고
매트에게 사과한다. 당신의 회사에 직장 일과 개인 일의 균형을
잡지 못해 곤란을 겪고 있는 사람들이 있는가? 회사가 그들을
위해 할 수 있는 역할은 무엇일까? 그리고 당신이 균형을 이루
고자 하는 것은 무엇인지 떠올려보자.

10 데이너는 회사의 중요한 의사결정 과정에서 젊은 직원들이 배
제되는 것을 안타깝게 생각한다고 말한다. 당신의 직장에서도
그런 일이 벌어지고 있는가? 새로 들어온 직원들의 견해를 회사
가 더 많이 듣고 반영하기 위해 어떤 일을 할 수 있을까?

니키 NIKKI

비내추럴의 젊은 피

열정과 긍정적인 힘을 갖고 있다. 신입사원다운 젊은
패기와, 그 나이답지 않게 인생을 바라보는 성숙한
성찰이 사람들을 변화시킨다.

열정과 긍정의 힘은
신입사원에게 가장 강력한 무기!
니키의 상황 속에서

1 니키는 신입사원다운 열정적인 의지로 사람들을 전염시킨다. 사회에 첫발을 내딛었을 때의 열정을 기억하는가? 시간이 지남에 따라 퇴색하기 쉬운, 일에 대한 열정과 자부심이 사회생활을 지속할 수 있는 원동력이 되기도 한다. 당신의 열정은 어디쯤 와있는가?

1. 무엇이든 마음먹고 시작하면 3개월 이상은 지속된다.

2. 한 가지 일에 몰두하면 다른 것이 눈에 들어오지 않을 정도로 집중한다.

3. 어떤 일을 진행할 때 그 일로 얻게 될 즐거움을 먼저 떠올리며, 그 일을 최대한 효과적으로 이끌어낼 수 있는 방법을 찾아본다.

4. 너무 하고 싶은 일을 이루기 위해 안정적인 길을 포기할 수 있다.

5. 목표가 있는 열정을 가지고 있다.

2 니키는 "생각을 일 퍼센트만 바꾸어도 인생이 달라진다"고 말한다. 사소한 일상의 변화가 삶을 풍요롭게 한 경험이 있는가? 그런 변화가 쌓이면 인생을 변화시킬 수 있다고 생각하는가?

3 니키는 사람들이 겉과 속이 다른 것이 싫다고 한다. 조직에서 겉과 속이 다른 것이 어쩔 수 없는 처세의 한 방법일까? 스스로를 포장해야 하는 이미지메이킹이 직장에서 꼭 필요하다고 생각하는가? 당신은 그것에 어떻게 대처하고 있는가?

4 니키는 세상에 대한 긍정적인 확신을 가지고 니키만의 시각으로 사람들을 대한다. 그런 니키에게 룸메이트는 니키가 너무 순진하다고 말한다. 과연 니키의 생각이 맞는 것일까? 시간이 흐름에 따라 사회와 사람을 보는 인식은 어떻게 달라진다고 생각하는가?

5 니키는 변화를 즐기고 에너지가 넘친다. 의욕적인 니키는, 직장에서 10년 후의 모습은 어떨까? 니키가 데이너가 겪는 갈등을 되풀이하지 않도록 하기 위한 방법은 무엇일까?

6 니키는 직장 생활에도 적용할 수 있는 자기계발 류의 책을 읽음으로써 지혜를 얻게 되었다고 말한다. 자신의 개인적 삶을 발전시키기 위해 구입했다가 직장 생활에도 활용했던 책이 있는가?

7 니키는 데이너에게 회사가 변하는 것을 왜 두려워하는지 묻는
다. 데이너는 열린 마음으로 신입사원인 니키의 조언에 귀를 기
울였다. 당신에게 니키 같은 부하 직원이 있다면 그의 의견을
받아들일 수 있을까?

8 니키는, 스트레스가 심한 상황을 잘 다스리는 방법이 중요하다
고 말한다. 실제로 스트레스를 통제하는 것은 매우 중요하다.
스트레스 때문에 일을 제대로 하지 못했던 경험이 있는가? 스트
레스를 통제하는 자신만의 방법이 있는가?

9 니키는, 자기 룸메이트가 기업 세계에 너무 오래 있었다고 말한
다. 조직에 오래 몸담을수록 조직 환경에 따라 사람들이 자연히
더 냉소적으로 변한다고 생각하는가? 당신은 어떠한가?

10 니키는 다른 사람과 공감하기 위한 대화를 끌어내는 방법을 알
고 있는 듯하다. 당신은 어떠한가? 사람들과 대화를 할 때 공감
을 자연스럽게 이끌어내는 방법을 알고 있는가?

잔 *JEANNE*

비내추럴의 새로운 CEO

합리적이고 이성적이지만 변화의 기로에 서 있는 회사의 경영 책임자로서 막대한 부담감을 안고 있다. 적극적으로 회사의 전략을 실행한다.

진정한 리더는 출중한 인재를 알아보고 잘 다루는 사람이다!

잔의 상황 속에서

1 잔은 여러 차례 자신의 임무는 회사를 경영하는 것이 아니라 변화를 경영하는 것이라고 말했다. 잔은 실제로 자신의 임무를 수행하기 위해 우선순위를 정해 놓았는가? 그렇게 생각하는 이유는?

2 잔은 회사의 신입사원을 통해 직원들의 사기와 분위기를 알아보려고 한다. 이런 정보를 얻기 위한 더 나은 방법이 있는가? 니키가 사장에게 어떤 태도를 취해야 한다고 생각하는가?

3 잔은 누구나 때론 자신이 '가짜'라고 느낀다고 말한다. 그 말이 사실이라고 생각하는가? 조직에서는 내가 바라보는 실제의 나보다 타인이 바라보는 나의 이미지가 더 실체적일 수 있다. 당신에게서, 혹은 당신이 몸담고 있는 조직에서 그런 경험을 느낀 적이 있는가?

4 잔은 데이너가 회사에 불이익을 끼친 행동에도 불구하고 데이
너를 문책하지 않았다. 과연 이것이 현명하다고 생각하는가?
이는 회사를 위한 합리적인 행동이라고 생각하는가? 아니면 개
인적인 감정에 판단이 흐려진 것이라고 생각하는가? 당신이 잔
이라면 어떤 행동을 취하겠는가?

5 잔은, 문제를 해결하기 위한 노력보다 상황만을 탓하고 회피하
는 것에는 문제가 있다고 말한다. 당신은 문제가 발생했을 때
문제의 원인을 찾는 것과 문제의 해결점을 찾는 것, 어느 쪽에
비중을 두어 접근하는가? 과거의 경험을 통해 비추었을 때 현명
한 방법은 무엇이라고 생각하는가?

토드 TODD

비내추럴의 일 마니아

성실하고 꼼꼼한데다가 치밀하기까지 하다. 자신이
정한 틀을 벗어나지 않는 답답한 면도 있지만 목표에
대한 강한 의지가 있다. 일을 정확하게 처리하는 능력
이 회사의 새로운 방향에 큰 도움을 준다.

일과 친해지다 보면 사람을 잃을 수 있다!

토드의 상황 속에서

1 토드는 데이너에게 주말에 이메일을 확인해야 한다고 말한다. 그 의견에 동의하는가? 만일 당신의 회사에서 그렇게 하길 기대한다면 휴일에도 회사의 일을 가지고 와야 하는가?

2 토드는 데이너에게 은근한 남성 본위의 사고를 드러낸다. 하나의 각도로 생각이 쏠리면 수정이 어렵다. 어떤 사람의 일면만을 알고 판단했다가 다른 면을 보게 된 적이 있는가? 자신에게 있는 타인을 보는 편견과 굳어진 사고에 대해서 생각해보자.

3 토드는 데이너에게 그녀가 회사의 변화 결정을 지지하는 게 중요하다고 말하며 자신의 영향력을 행사하고 있다. 당신은 팀이나 조직에서 어떤 영향력을 행사하고 있는가? 또 그것이 얼마나 중요하다고 생각하는가?

4 토드와 매트는 팀원들 간의 협력 관계 형성이 중요하다는 얘기를 한다. 당신이 속한 조직에서도 그런 점을 중요하게 여기는가? 만일 그렇다면 어떤 방법으로 관계를 돈독시켜나가고 있는가?

5 토드는 일처리가 꼼꼼하지만 다른 사람과의 커뮤니케이션 능력
  이 미숙하다. 개인적으로 뛰어난 능력을 가지고 있는 사람과 효
  율적인 커뮤니케이션 능력을 가진 사람 중에서 누가 더 조직에
  서 탁월한 역할을 해낼 것이라고 생각하는가?

매트 MATT

비내추럴의 핵심 간부

허풍스럽고 유들유들한, 조직에서 흔히 볼 수 있는
전형적인 간부. 데이너와 같이 비내추럴의 중추적인
간부이나 정년퇴직을 앞둔 그는 회사의 새로운 노선
변화에 데이너와 표면적으로는 다른 입장을 취하고
있다.

사회 생활에 찌든 전형적인 모습을 바꿀 필요가 있다!

매트의 상황 속에서

1 매트는 변화를 혐오하는 데이너의 태도에 대해 이야기하고 있다. 조직에서 변화를 수용하는 문제는 얼마나 중요한가? 당신 회사의 경영진은 앞으로 일어날 변화에 대해 보다 효과적으로 의사소통할 수 있도록 조치를 취하고 있는가?

2 매트와 토드는 정치적인 이유로 단합하여 데이너를 코너로 몰아간다. 조직 내에서 예기치 않은 정치적 흐름 때문에 갈등을 겪은 적이 있는가? 이를 지혜롭게 대처하는 방법은 무엇일까?

3 매트에 적대적이었던 데이너가 매트의 칭찬으로 인해 매트를 대하는 태도가 점차 변하고 있다. 데이너에 대한 매트의 칭찬이 진실한 것이든 입바른 소리든 사람과의 관계에서 중요한 역할을 하고 있다. 당신은 사회적 관계를 위해 적절한 대응을 어떻게 하고 있는가?

4 매트는 새로운 변화 앞에서 데이너보다 잘 대처하고 있지만 그
역시 심리적인 불안감을 갖고 있다. 누구나 변화 앞에서는 주저
하고, 조직에 오랜 시간 몸담을수록 그런 경향은 심해진다. 능
동적인 삶의 변화를 수용하기 위해 준비해야 할 것은 무엇일까?

5 매트의 화술은 사람들과의 관계를 부드럽게 이어주는 역할을
한다. 흔히 능수능란한 화술은 사회 경험의 척도로 여겨지는
터. 당신의 진행 정도는 어느 정도라 생각하는가?

옮긴이 **지소철**

성균관대 영어영문과를 졸업하고 교보문고 교재개발팀과 도서출판 디딤돌 영어 편집부에서 근무했다. Sungkyunkwan-Georgetown University TESOL 과정을 수료했으며 지금은 영어 학습서 개발과 출판 기획, 번역, 집필에 전념하고 있다. 『백만장자 키워드』『아버지들의 신념』『플로이드의 오래된 집』『해적과 제왕』『내 인생의 다이아몬드』『숫자로 본 놀라운 세상, 넘버스』『공산주의의 현주소』『2003 이라크 전쟁』『사랑하는 사람이 꼭 알아야 할 51가지』『판차탄트라 시리즈』등 많은 영어 책을 번역했으며『징글리시가 잉글리시로』『행복한 영어 초등학교』를 저술했다.

리셋

초판인쇄   2007년 4월 2일
초판발행   2007년 4월 9일

지은이   찰스 데커
옮긴이   지소철
펴낸이   김정순
총괄진행   배경란
책임편집   심선영 이주엽
펴낸곳   (주)북하우스
출판등록   1997년 9월 23일 제406-2003-055호

주소   413-756 경기도 파주시 교하읍 문발리 파주출판도시 513-8
전자메일   editor@bookhouse.co.kr
홈페이지   www.bookhouse.co.kr
블로그   blog.naver.com/bookhouse1
전화번호   031-955-2555
팩스   031-955-3555

ISBN   978-89-5605-176-5 03320

이 도서의 국립중앙도서관 출판도서목록(CIP)은 e-CIP 홈페이지(http://www.nl.go.kr/cip.php)에서 이용하실 수 있습니다. (CIP제어번호 : CIP2007000700)